T0269694

**Cary Cherniss y
Cornelia W. Roche**

Liderazgo
emocional

Nueve estrategias
para liderar con inteligencia

Traducción del inglés
de Antonio Francisco Rodríguez

editorial Kairós

Título original: LEADING WITH FEELING:
Nine Strategies of Emotionally Intelligent Leadership

© Cary Cherniss & Cornelia W. Roche 2020

Publicado por acuerdo con Oxford University Press
Liderazgo emocional se publicó originalmente en inglés en el año 2020.
Esta traducción está publicada con el acuerdo de Oxford University Press. Editorial Kairós
es la única responsable de la traducción del libro original y Oxford University Press no será
responsable de cualquier error, omisión, inexactitud o pérdida de esta traducción.

© de la edición en castellano:
2022 Editorial Kairós, S.A.
www.editorialkairos.com

Traducción del inglés al castellano: Antonio Francisco Rodríguez
Revisión: Amelia Padilla
Diseño cubierta: Editorial Kairós
Fotocomposición: Florence Carreté
Impresión y encuadernación: Índice. 08040 Barcelona

Primera edición: Febrero 2023
ISBN: 978-84-1121-127-7
Depósito legal: B 23.471-2022

Este libro ha sido impreso con papel que proviene de fuentes respetuosas
con la sociedad y el medio ambiente y cuenta con los requisitos necesarios
para ser considerado un «libro amigo de los bosques».

A Deborah, que ha sido un modelo positivo
de inteligencia emocional para mí y para tantos otros.

CARY CHERNISS

Para Chris, mi marido,
que ha estado ahí en las duras y en las maduras.
Siempre le estaré agradecida y feliz
por el hecho de haber elegido compartir nuestra vida juntos.

CORNELIA W. ROCHE

Sumario

Nueve estrategias de los líderes emocionalmente inteligentes

Introducción

Tom era un joven ingeniero empleado en una de las mayores empresas siderúrgicas del país.[1] Había sido un trabajador de un rendimiento destacado y, ahora, era el nuevo gerente y dirigía un equipo responsable de producir acero para una gran empresa automovilística. Apenas una semana después de acceder a su puesto, Tom y su equipo se reunieron con más de veinte ingenieros de la otra empresa. Como recordó Tom, fue un rudo despertar: «Me senté en la sala con tal vez 20 o 25 de sus ingenieros para la evaluación anual de la calidad de los proveedores. Y por primera vez supe que nos encontrábamos en la parte baja del cuartil inferior, como proveedores. Nuestra calidad, facturación y tiempo de entrega eran pésimos. ¡Y este era mi primer trabajo como director general! Me había formado como ingeniero». ¿Cómo reaccionó Tom a este *shock* inesperado?

> ¡Tuve un momento de pánico! Llevaba, literalmente, una semana en el puesto. En parte pensé: «¡Dios mío! ¿Qué voy a hacer?». También pensé en mis compañeros, que llevaban un tiempo en el negocio, y pensé: «¿Qué demonios habéis estado haciendo?». Y también: «¡Voy a poner orden!». Pero luego… he aprendido que no puedes reaccionar visceralmente ante cada revés porque tan solo asustas a la gente.

Así pues, Tom escuchó atentamente mientras los ingenieros de la empresa automovilística presentaban su letanía de quejas. Cuando acabaron, se puso en pie y dijo: «No os culparé si prescindís de nosotros como proveedores. Pero si nos dais la oportunidad de solucionar estos problemas, os garantizo que el año que viene no tendremos una reunión como esta».

Cuando Tom se reunió con su equipo a la mañana siguiente para analizar la situación, empezó por escucharlos. Ellos se explayaron durante un rato y se quejaron de que la empresa y su anterior jefe habían impedido ofrecer un buen producto y un buen servicio. En lugar de oponerse a ellos o unirse en el señalamiento a terceros, Tom escuchó. «En aquel momento no lo pensé –recordó luego–, pero esas dos horas fueron catárticas para ellos. Mi objetivo no era culpar a nadie, sino encontrar una solución».

El equipo respondió positivamente al planteamiento de Tom. En la reunión del año siguiente, los representantes de la empresa de automóviles le aseguraron a Tom que «jamás habían visto a una empresa cambiar tan rápidamente en un solo año». Como resultado, aumentaron el volumen de negocio con la empresa de Tom, que llegó a gozar de una carrera distinguida y acabó convirtiéndose en uno de los principales ejecutivos de la empresa.

¿Cómo lo hizo Tom?

Tom es un buen ejemplo de cómo un destacado líder afronta un reto abrumador. ¿Qué cualidades le permitieron actuar así? Una mirada más atenta a su gestión revela que utilizó lo que se conoce como inteligencia emocional o «IE». Por inteligencia emocional entendemos la capacidad para identificar y comprender con precisión las propias reacciones emocionales y las de los demás. La inteligencia emocional también implica la capacidad para regular las propias emociones, utilizarlas con el fin de adoptar las decisiones correctas y actuar con eficacia.[2]

En el caso de Tom, el desafío empezó con el *shock* derivado del descubrimiento de hasta qué punto su grupo de trabajo había incumplido las exigencias de un cliente muy importante. No solo sucumbió al desaliento; no estaba seguro de cómo afrontar la situación. Su nivel de estrés se disparó vertiginosamente. Un estrés así puede resultar incapacitante. Aun cuando podamos superarlo, unos niveles elevados de estrés obstruyen significativamente nuestra capacidad para descubrir cómo gestionar problemas como aquel al que se enfrentaba Tom.[3] El estrés también suscita la respuesta «lucha o huida», que se reflejó en su impulso inicial de reaccionar punitivamente hacia sus subordinados («limpiar la casa»). Por lo tanto, la primera tarea de Tom consistió en gestionar su propia respuesta emocional.

En cuanto Tom comprendió lo que tenía que hacer respecto a sus propias emociones, su siguiente reto consistió en afrontar eficazmente las emociones de los ingenieros de la otra empresa. ¿Cómo lo consiguió? Permaneció sereno, escuchó atentamente y se *unió* a ellos. No actuó a la defensiva; no discutió, no minimizó la situación ni se mostró en desacuerdo. En todo caso, fue generoso al decir: «No os culparé si prescindís de nosotros como proveedores». Estas sencillas palabras, expresadas en un tono sereno, transmitieron a la otra parte la idea de que Tom los había escuchado y que comprendía lo molestos que estaban ante la situación. A continuación, Tom concluyó con una nota positiva. Prometió que su grupo trabajaría en los problemas y que, en el transcurso de un año, su rendimiento habría mejorado significativamente.

Tras el encuentro con los ingenieros de la compañía de automóviles, se enfrentó a otro reto: gestionar las emociones de su propio grupo. Sabía que se sentían «noqueados» y que las críticas y ataques de su nuevo jefe no serían un camino eficaz para motivarlos a trabajar duro en pro de la resolución de los problemas. Así que se reunió con ellos al día siguiente y les permitió «desahogarse». Probablemente, muchos jefes habrían considerado que la conducta de su equipo no era más que un lloriqueo, la negación a asumir responsabilidades y la descarga de culpas en terceros. Sin embargo, Tom comprendió que el equipo necesitaba cierto tiempo para la catarsis emocional, y por ello los escuchó empáticamente. Cuando dio la impresión de que estaban listos para seguir adelante, Tom no perdió el tiempo y pasó a centrarse en cómo solucionar los problemas.

Tom siguió usando su inteligencia emocional durante el año siguiente y obtuvo frutos. Su equipo pasó de encontrarse en la parte inferior de la lista de proveedores a la misma cima.

Aprender cómo los líderes excepcionales utilizan su inteligencia emocional

Conocimos a Tom como parte de nuestro estudio sobre líderes relevantes que recurren a la inteligencia emocional para lograr sus objetivos. Pedimos a *coaches* ejecutivos, consultores de gestión y otros profesionales del desarrollo de recursos humanos que identificaran a líderes estrella que fueran «eficaces» y dieran la impresión de «utilizar y gestionar las emociones de una forma especialmente acertada». El fundamento para seleccionar así a los líderes tenía que ver con nuestro deseo de recopilar una muestra de individuos que probablemente echarían mano de la inteligencia emocional en diversas situaciones.

En total, entrevistamos a 25 altos ejecutivos y ejecutivos medios de diferentes organizaciones, como a grandes empresas, negocios familiares más pequeños y agencias de servicios sociales sin ánimo de lucro. Los líderes también procedían de agencias de servicios públicos, organizaciones sanitarias y ámbitos educativos que iban desde escuelas infantiles a una universidad. Participaron 12 hombres y 13 mujeres. (Para la lista de líderes y las diversas organizaciones en las que trabajaban, véase el Apéndice A; para más detalles sobre la investigación, véase el Apéndice B).

Si hubiéramos entregado a estos líderes un test para determinar su grado de inteligencia emocional, probablemente su puntuación habría sido alta. Pero pensamos que sería más interesante y útil descubrir *cómo* los líderes *utilizaban* su inteligencia emocional para afrontar situaciones complicadas. Aunque es posible, con un esfuerzo coordinado, aumentar nuestra inteligencia emocional con el tiempo, *normalmente es más fácil aprender a utilizar la IE que ya tenemos*. Por lo tanto, pedimos a los líderes que describieran algunos incidentes en los que «gestionaron o utilizaron una emoción... para resolver el problema o alcanzar un objetivo». Los líderes describieron 126 situaciones de este tipo. Grabamos y transcribimos las entrevistas, y, después de estudiarlas atentamente, empezaron a emerger algunos temas interesantes. Estos temas apuntaban a nueve *estrategias* que pueden ayudar a los líderes consumados o potenciales a lograr un mayor éxito, tanto en el trabajo como en su vida personal.

En este libro presentamos esas estrategias, junto a muchos ejemplos que demuestran cómo los líderes las han aplicado en situaciones reales. Creemos que estas lecciones y ejemplos pueden ayudar a quien ocupa una posición de liderazgo a utilizar su inteligencia emocional de forma más estratégica y eficaz.

¿Qué es la inteligencia emocional?

Durante la mayor parte del siglo pasado, los psicólogos asumieron que solo había un tipo de inteligencia y que esta marcaba una gran diferencia en lo que respecta al rendimiento en todos los trabajos, con la excepción de los más simples. Se trataba de la inteligencia cognitiva, el fundamento de las funciones mentales básicas como la memoria, el razonamiento y el pensamiento analítico. Sin embargo, en 1983, el psicólogo de Harvard Howard Gardner escribió un libro que rompía el paradigma vigente y en el que argumentaba que existían inteligencias *múltiples*. Además de las inteligencias «lingüística» y «lógico-matemática», había una inteligencia visual-espacial y una inteligencia musical. Los grandes atletas destacan en la inteligencia kinestésica corporal. Y también estaban la inteligencia intrapersonal e interpersonal. Gardner argumentó que estas inteligencias eran independientes; una persona puede destacar en una pero no en otras. También propuso que las inteligencias lingüística y lógico-matemática, medidas por los test de inteligencia y otros instrumentos afines, no son el único tipo de inteligencia relevante para el éxito y la felicidad en la vida.[4]

La puerta se había abierto: la idea de que había más de una inteligencia empezó a ser ampliamente aceptada. Otros psicólogos empezaron a proponer otros tipos de inteligencia.[5] Más tarde, en 1990, Peter Salovey, de la Universidad de Yale, y Jack Mayer, de la Universidad de New Hampshire, publicaron un artículo en una revista científica en el que propusieron la existencia de una «inteligencia emocional».[6] La idea fue recogida por Daniel Goleman, psicólogo y divulgador científico del *New York Times*, que escribió un libro al respecto.[7] Cuando el libro se publicó en 1995, pronto asaltó la lista de *bestsellers* y se mantuvo en ella durante un año y medio. Por último, fue traducido a más de 40 idiomas.

Aunque en la actualidad existen muchos modelos diferentes de inteligencia emocional, todos parten de la idea de que implica la capacidad para reconocer y regular las emociones en uno mismo y en los demás.[8] Los modelos también proponen la existencia de muchos y diversos aspectos de la inteligencia emocional. No consiste solo en la capacidad de permanecer sereno en una crisis, aunque forma parte de ello. Tampoco es la mera destreza que consiste en sintonizar con lo que sienten los demás, o descubrir por qué se sienten de ese modo. Un individuo puede destacar en un aspecto de la inteligencia emocional y no en otros. De hecho, es habitual que los líderes sean muy buenos a la hora de controlar sus propias emociones en situaciones difíciles, pero menos eficaces a la hora de percibir cómo se sienten los demás, o a la hora de diseñar un planeamiento eficaz para ayudarlos a gestionar esos sentimientos. Por otro lado, hay líderes muy conscientes de sus propias reacciones emocionales y de las de los demás, pero que no son capaces de controlar esas emociones para que contribuyan a que los individuos avancen en la resolución de las situaciones conflictivas. Y luego están los que destacan en la mayoría de las dimensiones, si no en todas. Estos eran los sujetos que queríamos estudiar.

El impacto de la inteligencia emocional en la eficacia de los líderes

Cuando pedimos a un grupo de personas que piensen en un líder muy eficaz y que identifiquen las cualidades que lo hacen ser así, a menudo dicen que se trata de una persona «empática», «inspiradora», «decidida», «digna de confianza», «serena» y dotada de un «buen juicio». Lo que estas virtudes parecen tener en común es que todas implican inteligencia emocional.

La historia de muchas de las empresas de alta tecnología de un éxito más duradero demuestra que a menudo la inteligencia cognitiva no basta, por sí misma, para un liderazgo eficaz a largo plazo. Tomemos Google como ejemplo. Google fue fundada por Larry Page y Sergey Brin, dos jóvenes inmersos en la tecnología desarrollada por esa empresa. Cuando la compañía creció y maduró, contrataron a alguien de fuera, Eric Schmidt, para que tomara el mando. Según un informe, «una parte sustantiva del rol del señor Schmidt consistía en mantener la paz. Esto implicaba suavizar el no pocas veces áspero *feedback* de los fundadores a los empleados, cumplir sus deseos y pulir las diferencias cuando se presentaban, todo ello mientras gestiona las demandas e intereses opuestos de los ejecutivos». Schmidt prosperó en su papel porque, según se decía, era «muy bueno a la hora de unir a la gente y lograr que se pusieran de acuerdo».[9]

Las empresas tecnológicas no son el único tipo de organización que necesita líderes emocionalmente inteligentes. Otro tanto parece aplicarse en organizaciones de naturaleza muy diferente: las militares. En un relato que aborda cómo ha cambiado el papel de un alto mando militar en los últimos años, Thom Shanker escribió: «El dominio de las tácticas en el campo de batalla y el talento como líderes son solo requisitos previos. Ahora se espera que los generales y otros oficiales de alto rango sean gestores municipales, embajadores culturales, hábiles relaciones públicas y políticos, cuando tratan con múltiples misiones y circunscripciones en la zona de guerra, en capitales aliadas y en casa».[10]

Además de muchas anécdotas convincentes, ahora existe un creciente cuerpo de pruebas empíricas que sugieren un claro vínculo entre la inteligencia emocional y la eficacia del liderazgo. Por ejemplo, en un estudio, los jefes, los compañeros y los subordinados de ejecutivos de alto nivel en una gran empresa de servicios financieros evaluaron la IE de los ejecutivos.[11] A continuación los investigadores examinaron el rendimiento de los ejecutivos y la calificación potencial en un periodo de tres años. Descubrieron que los ejecutivos de mayor éxito tenían una puntuación superior en competencias como autoconfianza, motivación para el logro y conciencia organizativa. También puntuaban especialmente alto en liderazgo inspiracional y catalizador de cambios.[12]

Otro estudio se centró en un grupo de líderes muy diferente: los supervisores en una gran organización de producción. Los investigadores evaluaron la inteligencia emocional de los líderes con una prueba, como los tradicionales test para medir el cociente intelectual (CI), que exigía que los participantes completaran un determinado número de tareas diseñadas para medir las diferentes habilidades relacionadas con la IE. Por ejemplo, en un apartado el sujeto tenía que determinar qué emociones experimentaba una persona a partir de una imagen de su rostro. A continuación, los investigadores pidieron a los subordinados inmediatos de los supervisores que puntuaran a sus jefes en relación con el grado de eficacia en la gestión. Los resultados del estudio volvieron a indicar una relación entre la inteligencia emocional y el rendimiento. Los supervisores que recibieron una puntuación más alta en eficacia también obtuvieron una puntuación elevada en el test de IE.[13]

Muchos otros estudios, que implican a diferentes tipos de líderes que trabajan en diferentes tipos de organizaciones, han producido resultados similares. Entre ellos encontramos a jefes de sección en una gran multinacional de alimentación y bebidas,[14] directivos que trabajan en una gran empresa de servicios públicos,[15] así como soldados.[16] En estos estudios, la inteligencia emocional predijo rendimientos como primas de salario, objetivos de rendimiento y la calificación de los jefes. Otros estudios han descubierto que la IE de un líder también ejerce un poderoso efecto en la satisfacción que los empleados demuestran hacia su trabajo[17] y su compromiso emocional.[18]

La IE de un líder también parece tener un impacto en la salud mental y física de los empleados de una organización. Un examen exhaustivo de casi treinta años de investigación descubrió que las conductas de los líderes y los estilos de liderazgo estrechamente asociados a la inteligencia emocional guardaban correlación con un menor grado de estrés y un mayor bienestar físico de los subordinados.[19] Por ejemplo, en un estudio, 60 empleados que trabajaban en un gran centro médico informaron de si padecían o no dolores de cabeza, una presión arterial elevada y dolores de estómago, cada día durante dos semanas. Mientras tanto, sus supervisores completaron un test de empatía de amplia aceptación. Los resultados demostraron que los grupos de empleados con gerentes empáticos experimentaban un nivel inferior de trastornos somáticos.[20]

Los líderes empresariales reconocen ahora la importancia de la inteligencia emocional

Dadas las crecientes evidencias de la importancia de la inteligencia emocional, no sorprende que las escuelas de comercio la destaquen cada vez más en su currículum. Por ejemplo, en 2011, un nuevo

decano de la Escuela de Negocios de Harvard, Nitin Nohria, decidió que había «al menos tres aspectos concretos en los que nuestro
currículum debe centrarse más». El primero en mencionar fue el
«liderazgo, en particular para desarrollar la inteligencia emocional».
Los otros dos fueron la globalización y cultivar una «imaginación
emprendedora» en los estudiantes.[21]

Como señaló Kevin Englholm, director general y responsable
de desarrollo y aprendizaje institucional en Citi: «A medida que el
ritmo de cambio en las organizaciones siga acelerándose y muchos
teman que los puestos de trabajo sean sustituidos por máquinas (se
estima que el 47% de todos los empleos en Estados Unidos serán
vulnerables en el futuro), los líderes/gestores necesitarán una mayor
capacidad para expresar empatía y ayudar a los demás a sobrellevar
la incertidumbre y adaptarse a los cambios. De un modo análogo,
a medida que el trabajo se automatiza, las características profundamente humanas que encarnan la inteligencia emocional serán
aún más importantes».[22] Continuó observando que la IE también
sería más importante «en el trabajo en grandes organizaciones con
individuos que viven en diferentes zonas geográficas y con un tras-
fondo cultural diverso».

Por qué la inteligencia emocional es importante para el liderazgo eficaz

Una de las razones por las que la inteligencia emocional ayuda a los
líderes a ser más eficaces es porque mejora su capacidad para influir
en los demás.[23] Los líderes de las organizaciones tienen muchas formas de lograr esto.[24] Algunos individuos obedecerán a sus líderes

sencillamente porque ostentan la autoridad formal para liderar. Hacen lo que quiere el jefe porque es el jefe. Los líderes también pueden influir en otros a través del control de las recompensas y castigos. Y un líder puede ejercer una influencia mayor sobre los demás si estos perciben que el líder posee una destreza o un conocimiento relevante sobre una cuestión en comparación con el resto del grupo. Sin embargo, progresivamente, los dirigentes deben apoyarse en la visión que los demás tienen de ellos. Los individuos se verán más inclinados a acatar las exigencias que proceden de alguien a quien admiran y respetan, y en quien confían.[25]

Granjearse la confianza de los demás requiere de inteligencia emocional. Como Georg S. Barrett, presidente y CEO de Cardinal Health, dijo en una entrevista, la confianza tiene que ver con ser claro con aquello en lo que creemos: «La gente tiene que confiar en que tienes un punto de vista en relación con la imagen que proyecta la empresa».[26] Esta claridad requiere el *coraje* de las convicciones propias, y, en última instancia, el coraje tiene que ver con la capacidad para gestionar la propia ansiedad ante el riesgo o la adversidad.

Barrett también pensaba que la confianza deriva de la capacidad de comprender a los subordinados: «La gente […] tiene que tener confianza en tu capacidad de comprensión, en que estás de su parte y que conoces sus intereses». Por lo tanto, granjearse la confianza de los demás también requiere la capacidad de percibir correctamente cómo se sienten los demás y por qué se sienten así.[27]

El *carisma* también ayuda a los líderes a influir en los demás, y en este caso la inteligencia emocional también parece desempeñar un papel central. Como señaló un investigador, «la capacidad de los líderes carismáticos para identificar, empatizar y modelar las emociones y la conducta emocional es fundamental para su éxito, y consiguen legitimidad dando forma a las emociones de sus subordinados».[28] Los líderes carismáticos parecen destacar en su habilidad para «expresar emociones y mensajes emocionales»,[29] que a menudo implican el «uso creativo de palabras que dibujan una visión atractiva del futuro de la organización o del grupo de trabajo».[30]

Aunque influir en los demás constituye un aspecto esencial del liderazgo, los líderes de las organizaciones también necesitan aportar un clima positivo para sus trabajadores a fin de sostener un nivel elevado de motivación y compromiso. Google descubrió lo importantes que son los líderes para el compromiso de los empleados cuando realizó una investigación exhaustiva entre su propio personal para determinar cómo conservar a los trabajadores mejor valorados. La empresa formó a un equipo de investigación para averiguar las razones por las que algunos buenos empleados se marchaban y descubrió que la razón más importante era su jefe. Al examinar con más detalle las cualidades fundamentales de un responsable, descubrió que la competencia emocional y social del jefe era más importante que la inteligencia cognitiva o la destreza técnica. De hecho, esta última ocupaba el último lugar en una lista de ocho factores. Según Bryant, el periodista que cubrió la investigación, «lo que los empleados valoraban más eran los jefes equilibrados y que encontraban tiempo para reuniones individuales, que ayudaban a los demás a resolver los problemas planteando preguntas, no imponiendo repuestas, y que se interesaban por la vida y la carrera de sus empleados».[31]

La experiencia de Google no es única. Los estudios han descubierto que los malos jefes suelen ser la principal causa de que un empleado renuncie a su trabajo.[32] Y a menudo es la falta de inteligencia emocional del superior lo que incita a los trabajadores a renunciar.

Solemos pensar que los líderes eficaces poseen dos conjuntos de cualidades diferentes: por un lado, son fuertes, firmes y centrados y, por otro, también parecen empáticos, bondadosos y compasivos.[33] Aunque la inteligencia emocional podría parecer más relevante en el aspecto más suave del liderazgo, también resulta esencial para un liderazgo fuerte, porque emociones como el temor al fracaso y la preocupación por la opinión de los demás pueden impedir que los líderes actúen con decisión.[34] Por lo tanto, la inteligencia emocional es vital para ser un líder fuerte y bondadoso.[35]

¿La inteligencia emocional es siempre útil para los líderes?

La inteligencia emocional no es el único factor que influye en la eficacia de un líder; sus habilidades cognitivas, como la memoria, la capacidad de razonamiento y la atención, también son importantes.[36] Y los valores del líder también juegan un papel. En un reciente encuentro del Consorcio para la Investigación de la Inteligencia Emocional en las Organizaciones (CREIO), el tema de discusión más candente fue si los líderes con una IE elevada siempre actúan ética y humanamente. Stéphane Côté, uno de los principales investigadores en el campo, argumentó que a veces los líderes pueden utilizar su IE con el fin de manipular a los demás para sus propios fines egoístas. La diferencia entre un hábil sociópata y un líder moral inspirador no reside en su IE, sino en sus valores humanos básicos. Por lo tanto, es posible que alguien posea una IE elevada, pero carezca de la honestidad básica, y estos líderes se cuentan entre los más peligrosos y destructivos.[37]

¿Y qué ocurre con los líderes que parecen tener éxito, pero carecen de inteligencia emocional? Si hay un vínculo positivo entre la inteligencia emocional y la eficacia del liderazgo, ¿cómo lo explicamos? Hay muchas posibles razones. En primer lugar, estos líderes podrían alcanzar un éxito a corto plazo, pero resultar ineficaces a largo plazo. Un ejemplo clásico son los «artistas del cambio» en el mundo empresarial, capaces de recortar costes mediante despidos masivos. Como resultado, las acciones de la empresa se disparan, y esto da la impresión de que se trata de un líder de éxito. Sin embargo, estos despidos, especialmente si se implementan de manera despiadada, suelen provocar un daño duradero que acaba derivando en pérdida de ingresos, una cuota de mercado reducida y una menor satisfacción de los clientes. Los líderes exitosos no son necesariamente líderes eficaces.[38]

Hay otras muchas razones por las que un líder que parece no tener inteligencia emocional da la impresión de cosechar el éxito. A veces, los líderes emocionalmente cuestionables tienen éxito debido a factores externos especialmente favorables, como una economía en auge o una falta de competencia significativa. También es posible que el líder no ejerza el verdadero liderazgo, como en el caso del presidente de un gran conglomerado empresarial, que ocupa la mayor parte de su tiempo comprando y vendiendo otras empresas, mientras que los verdaderos líderes que dirigen la empresa son otros. Aunque el individuo desempeñe el liderazgo real, puede haber otros, dotados de una elevada IE y capaces de compensar las deficiencias del líder formal. Otra posibilidad es que la reputación de un líder considerado deficiente en inteligencia emocional se base en anécdotas que reflejan una perspectiva limitada e incompleta de la verdadera conducta del líder.

¿Cómo *usan* los líderes excepcionales la inteligencia emocional?

Dado que la inteligencia emocional es tan importante para los líderes excepcionales, ¿cómo *utilizan* los grandes líderes su IE para afrontar eficazmente los desafíos críticos que afronta cada líder? Saber que los líderes relevantes puntúan alto en los test de inteligencia emocional es útil, pero no nos dice mucho acerca de cómo esos líderes emplean realmente sus competencias para alcanzar sus objetivos.[39] La puntuación del test no señala las *estrategias* específicas que los líderes usan para aprovechar su IE en situaciones complicadas. Conocer estas estrategias sería especialmente útil a los líderes o líderes potenciales que quieren utilizar la inteligencia emocional de la que ya disponen para ser más eficaces.

Nuestra investigación ha contribuido a satisfacer esta necesidad. Cuando pedimos a una muestra de líderes relevantes que describieran incidentes críticos en los que tuvieron que utilizar o gestionar emociones, descubrimos las estrategias que emplearon. Cada incidente era único, y los líderes lo enfocaron de muchas formas. Sin embargo, al examinar más detalladamente la forma de afrontarlos, descubrimos nueve estrategias comunes relacionadas con las capacidades y competencias en IE tal y como las presentamos en el Cuadro 1.1.

El orden de las estrategias se basa en la opinión establecida respecto a cómo las capacidades de IE básicas se relacionan entre sí, que consiste en considerar la percepción y la conciencia de la emoción como la base, y la comprensión y gestión de esta a partir de esa base. Así pues, la primera estrategia, *monitoriza el clima emocional,* está relacionada con la percepción de la emoción. El siguiente grupo de estrategias (por ejemplo, *considera cómo tu conducta influye en las emociones de los demás*) se vincula más estrechamente con la comprensión de la emoción, y el último grupo se relaciona con la gestión de la emoción. (En el Apéndice C mostramos cómo cada estrategia se correlaciona con una o más habilidades de IE).

Cuadro 1.1. Nueve estrategias vinculadas con las capacidades y competencias y habilidades de inteligencia emocional

1. Monitoriza el clima emocional.

2. Expresa tus sentimientos para motivar a los demás.

3. Considera cómo tu propia conducta influye en las emociones de los otros.

4. Ponte en la piel de los demás.

5. Descifra la dinámica emocional subyacente en la situación.

6. Replantea tu forma de pensar en la situación.

7. Crea límites interpersonales óptimos.

8. Busca la ayuda de los otros para gestionar las emociones.

9. Ayuda a los demás a desarrollar sus capacidades de inteligencia emocional.

¿Qué viene ahora?

En los próximos nueve capítulos elaboraremos cada una de estas estrategias y las ilustraremos con muchos ejemplos sobre cómo los líderes de nuestro estudio las utilizaron para afrontar diferentes cir-

cunstancias. Cada capítulo concluye con una o más actividades diseñadas para ayudar a los lectores a aplicar las estrategias y desarrollar
sus propias habilidades. A continuación, en el capítulo 10, mostra-
remos cómo los líderes combinaron hábilmente diversas estrategias
para maximizar su impacto. El capítulo 11 cambia el foco desde el
líder individual al más amplio contexto social y organizativo. El
capítulo identifica los diferentes aspectos de una organización que
influyen en qué grado utilizarán sus líderes la inteligencia emocional,
como las normas y valores de la organización y el modo en que los
empleos han sido concebidos. Acto seguido describe cómo algunas
organizaciones han utilizado estos aspectos para crear un entorno
más «afín a la IE». El último capítulo ofrece algunas pautas para
utilizar las estrategias y concluye sugiriendo qué pueden hacer los
líderes si llegan a una organización que no apoya la conducta emocionalmente inteligente.

1. Concéntrate en sentir

Como muchos de los líderes excepcionales que estudiamos, Cynthia, máxima representante de una gran empresa de ingeniería, tuvo que dirigir su empresa a través de la Gran Recesión de 2008. Cuando la entrevistamos, declaró que el equipo de personal directivo mantuvo «algunas conversaciones difíciles» durante aquellos años. El ambiente de las reuniones solía ser sombrío. Un día, Cynthia descubrió que, después de las reuniones, el equipo directivo trasladaba ese estado de ánimo a sus grupos de trabajo. «Pude ver que el personal abandonaba la sala con caras largas», comentó. A Cynthia le preocupaba el impacto que ello pudiera tener en la moral y motivación de los empleados. Consciente de que los empleados miraban al líder en busca de indicaciones sobre lo que estaban haciendo, temía que estas expresiones transmitieran una sensación funesta sobre el estado de la empresa al resto de los empleados. Así pues, en la siguiente reunión, dijo al equipo: «Chicos, en cuanto salgáis de la habitación, quiero veros sonreír como si hubiera salido el sol». Aunque se podría cuestionar si sonreír después de una reunión difícil es la mejor manera de gestionar la situación, Cynthia había identificado con precisión un patrón emocional que podría tener consecuencias adversas para la organización.

Mientras conversábamos con ella a propósito de su gestión de este y otros incidentes, se hizo evidente que Cynthia *monitorizaba constantemente el clima emocional de las reuniones y otras interacciones*; esta estrategia, junto a otras que recurrían a su inteligencia emocional, la ayudó a liderar su empresa en tiempos difíciles. Muchos otros líderes también utilizaban esta estrategia.[40]

Estrategia 1.
Monitoriza el clima emocional

La mayoría de los líderes excepcionales no solo eran conscientes de sus emociones o habilidades a la hora de identificar las emociones experimentadas por los demás. Buscaban activamente señales sutiles de emoción para influir en el curso de los acontecimientos. Era un proceso activo y deliberado, y, cuando detectaban un problema potencial, como un desánimo en el equipo directivo susceptible de trasladarse y contagiar al resto de los empleados, actuaban.

Ser consciente del problema de un empleado

Cuando los líderes monitorizaban el clima emocional de un grupo, a menudo eran conscientes de hasta qué punto ciertos individuos en el seno del grupo influían adversamente en ese clima. Por ejemplo, cuando en su empresa se produjeron una serie de despidos, a Cynthia se le ocurrió darse una vuelta por el edificio para descubrir cómo reaccionaba el personal. No pasó mucho tiempo antes de que ella descubriera a una persona especialmente enfadada, con una ira que no daba señales de amainar. Cynthia comentó:

> En líneas generales se trataba de una persona alegre. Pero cuando me acerqué a su oficina, descubrí que su puerta estaba medio cerrada; y

pensé «Qué extraño». Y vi su ceño fruncido. Dejé pasar uno o dos días, y entonces decidí que algo andaba mal. Así que me dispuse a hablar con ella. Y ella dijo: «¿Qué es lo que quieres?», en un tono de voz cortante. Yo repliqué: «¿Cuándo vas a dejar de estar tan enfadada conmigo?». Y ella contestó: «No estoy enfadada, estoy rabiosa».

Cynthia preguntó a la empleada si quería hablar de sus sentimientos en ese momento o más tarde. La empleada respondió: «Estoy bien. No quiero hablar de ello». Cynthia insistió con amabilidad, y, al final, la empleada se abrió y habló de sus preocupaciones. Aunque su conversación no produjo cambios significativos, contribuyó a despejar el ambiente y mejorar su relación. Si Cynthia no hubiera monitorizado atentamente el clima emocional, no habría detectado el cambio en las emociones de su empleada, que indicaba que algo andaba mal.

Buena parte de la información que comunicamos unos a otros se realiza a través de las emociones. Apenas el 10% de la comunicación interpersonal se transmite únicamente por medio de palabras.[41] El resto se transmite de forma no verbal, a través del gesto, el tono de la voz y la expresión facial. Y en última instancia, los líderes fracasan o tienen éxito en función del nivel de buena información del que disponen. Por lo tanto, monitorizar el clima emocional es una estrategia inteligente para cualquier líder.[42]

Al monitorizar el clima emocional de un grupo de una interacción personal, los líderes necesitaban distinguir entre *sus* emociones y las de los demás. Somos muchos los que tendemos a asumir que los otros reaccionarán a una situación tal como lo hacemos nosotros. Si actuamos basándonos únicamente en cómo nos sentimos, ignorando lo que sienten los demás, podemos tomar malas decisiones, que perjudiquen nuestra relación con los otros y diluyan nuestra capacidad de influencia. Como señaló Cynthia al comentar de qué manera afrontó los despidos en su empresa, «es importante ser consciente de cómo lo estamos viviendo nosotros, pero también hay que mirar a la cara a la gente para entender cómo están experimentando el cambio». En su caso, fue capaz de dejar atrás su tristeza por tener que despedir a empleados valiosos y descubrir un futuro más prometedor. Sin embargo, mientras seguía supervisando el clima emocional, descubrió que algunos de los restantes empleados lo vivían de otra manera. Les resultaba más difícil seguir adelante y sentirse optimistas respecto al futuro. Cynthia utilizó este conocimiento para moderar sus emociones positivas y responder más empáticamente a los empleados que aún experimentaban una considerable ansiedad y tristeza a causa de los despidos.[43]

Con todo, Cynthia no se limitó a monitorizar el clima emocional. Actuó en cuanto descubrió que había un problema potencial. Otro tanto puede decirse del resto de líderes y los incidentes que describieron. Supervisar el clima emocional de modo constante era solo el principio de un proceso activo que implicaba una acción decisiva y eficaz, más bien pronto que tarde.

Detectar un conflicto latente

Monitorizar el clima puede resultar especialmente útil al detectar conflictos destructivos en el seno de las organizaciones. Michael, jefe de departamento en una gran empresa que vende productos agrícolas, describió cómo fue capaz de abordar eficazmente los conflictos latentes relacionados con la nueva dirección estratégica de la compañía auscultando el pulso emocional de su equipo directivo. Cuando el grupo analizó los cambios propuestos, Michael fue consciente de que una persona en particular no estaba de acuerdo con el nuevo enfoque. Aunque el individuo en cuestión no mostró su explícito desacuerdo durante la reunión, Michael pudo detectar su rechazo debido a cambios sutiles en su conducta emocional (entre los cuales podemos incluir movimientos incómodos en su sillón, sonrojos, ausencia de contacto visual o una ligera caída de la comisura de los labios).

En cuanto Michael detectó las señales que sugerían que esa persona no estaba plenamente comprometida con la nueva dirección estratégica, tomó la iniciativa y propuso una reunión individual para evaluar sus diferencias. Michael empezó la reunión compartiendo sus observaciones sobre la conducta del otro. Le explicó: «Mira, estás enviando señales que indican que no estás conmigo en esto, así que hablemos de ello. Dime qué es lo que no te gusta y lo que te parece aceptable. Y luego exploraremos a dónde vamos y qué vamos a hacer al respecto».

En este ejemplo, Michael identificó una resistencia subyacente al monitorizar cómo los miembros de su equipo respondían emocionalmente. Cuando identificó a un individuo que parecía tener emociones contradictorias, se reunió con él y empezó la conversación trayendo a colación lo que había observado y lo que pensaba que sugería acerca de las emociones del individuo. Este planteamiento inauguró un diálogo constructivo para abordar el conflicto. Al recordar el incidente, Michael dijo: «Desde el punto de vista de la "inteligencia emocional", creo que abrirse a otra persona, y que ella entienda que tú reconoces que hay un problema, y que estás dispuesto a trabajar en él, llevarlo al próximo nivel […]. Creo que así se gana una enorme credibilidad».

El ejemplo de Michael demuestra por qué, en tanto líder, uno querría monitorizar y hacer un seguimiento de las señales emocionales de nuestro equipo. Esta actitud no solo contribuye a crear armonía y mejorar el proceso de trabajo; también ayuda a los líderes a obtener credibilidad con sus empleados al traer a primer plano dinámicas importantes pero a menudo ocultas.

Monitorizar el clima emocional de un equipo

Además de impulsar la moral y gestionar el cambio estratégico, monitorizar el clima emocional ayudó a los líderes a diagnosticar y afrontar los conflictos en el seno de sus equipos. Julia, vicepresidenta senior de Recursos Humanos (RR.HH. en una gran multinacional farmacéutica, fue la responsable de RR.HH. encargada de apoyar al equipo directivo de ventas en una fase anterior de su carrera. El equipo estaba formado por unas diez personas, todos vicepresidentes de ventas, y en el pasado habían trabajado bien juntos; de hecho, llegaron a ser uno de los equipos de mayor rendimiento en la empresa. Sin embargo, recientemente las cosas habían cambiado. En palabras de Julia, el nuevo director de ventas «estaba echando leña al fuego y cuestionando todo lo que hacía el equipo de ventas. Por otra parte, las cifras empezaban a no ser buenas y había presión por mejorar los resultados». Algunos nuevos miembros del equipo también se sumaron a la tensión.

A medida que Julia monitorizaba el clima emocional del grupo, descubrió que el aumento de la presión tenía efectos negativos. Tal como explicó, «no se apoyaban unos a otros, no hablaban bien unos de otros fuera de la sala […]. Pero nadie revelaba nunca sus sentimientos». Por lo tanto, Julia decidió actuar. Se presentó al líder del equipo y le pidió permiso para reunirse con el grupo y ayudarlos a afrontar sus problemas de forma más constructiva. Como Julia había trabajado con el líder del equipo y se había ganado su confianza, este accedió.

Julia se reunió con el equipo y les ayudó a hablar de los cambios que habían ocurrido en el grupo. Como resultado, el equipo desarrolló nuevas normas de conducta para el apoyo mutuo entre sus miembros. Según Julia: «Pasamos unas dos horas hablando de ello, y acabamos estableciendo algunos compromisos en relación con el comportamiento fuera y dentro de la sala, y cómo llamar a la gente si sentíamos que esos compromisos no se estaban respetando. Acordamos que una vez al mes lo pondríamos todo en común para ver cómo íbamos avanzando».

La falta de confianza puede ser terriblemente perjudicial para los grupos y las organizaciones si no se la atiende. Si el equipo de Julia no hubiera afrontado sus problemas internos y no se hubiera convertido en un grupo más cohesionado, las consecuencias derivadas de ello podrían haber tenido un impacto significativo en la eficacia de toda la organización. Por suerte, Julia supervisó atentamente el clima emocional y actuó en cuanto detectó los problemas.

Detectar la ausencia de una emoción positiva en un equipo

Monitorizar el clima emocional a menudo ayuda a los líderes a detectar las emociones negativas que podrían revelarse como señales que advierten de un peligro, pero detectar la ausencia de emociones positivas también resulta de utilidad, ya que es habitual que apunte a oportunidades sin aprovechar. En otro incidente vinculado a la reunión semanal del equipo directivo de Cynthia, uno de sus miembros anunció una buena noticia, lo cual supuso un cambio significativo. Así es como sucedió, en sus propias palabras: «El lunes revisamos las ganancias semanales, y hace poco superamos nuestros objetivos. Normalmente cumplimos por la mínima, pero en esta ocasión lo superamos». Sin embargo, Cynthia detectó que apenas había reacción a esta noticia. «Tuve la impresión de que, para el grupo, aquello no era más que "Vale, lo hemos superado", y que tocaba pasar a otro tema». Cynthia reconoció que el grupo estaba perdiendo una oportunidad para reforzar la moral. Así que dio un paso al frente y dijo: «¿Sabéis? ¡Es una noticia extraordinaria! Contadme cómo lo habéis hecho». Y en cuanto los miembros del equipo empezaron a hablar de cómo habían logrado estos resultados positivos, Cynthia vio que su éxito empezaba a «mejorar su ánimo».

Repasando los acontecimientos, ella dijo: «Tuve que inducirlos a que se sintieran bien… el mero hecho de decirlo no era suficiente. Tienes que imbuirlos de esa energía, en la medida de lo posible, y reconocer que lo estás haciendo». A continuación, añadió: «A veces hay que levantar los ánimos aunque ese no sea tu estilo […]. Por lo tanto, tengo que animar el ambiente a la hora de comunicar con ellos, estimular el nivel emocional, y luego volver a moderarlo, de forma controlada».

La historia de Cynthia ilustra hasta qué punto los líderes más eficaces no se limitan a monitorizar el clima emocional a fin de detectar y arreglar los problemas, sino que también aprovechan las oportunidades. Tomar el pulso emocional de un grupo contribuye a identificar las oportunidades para el cambio positivo, como en el caso del equipo directivo de Cynthia al recibir una buena y rara noticia.

¿Cómo monitorizan los líderes el clima emocional?

Los líderes utilizaron su inteligencia emocional de muchas formas para monitorizar el clima emocional. En el incidente de Cynthia con la empleada airada, recurrió a indicios físicos como la puerta que, normalmente abierta, ahora aparecía medio cerrada. También atendió a la conducta no verbal, como el «ceño fruncido» en el rostro de la persona y un tono de voz «cortante». Michael observó la conducta no verbal para supervisar el clima emocional en su equipo directivo. «Soy una persona muy visual –explicó–, Observo minuciosamente el lenguaje corporal, y así es como puedo saber si una persona está comprometida o manifiesta una resistencia pasiva. Lo percibo». Cuando preguntamos a otros líderes cómo monitorizaban el clima emocional, mencionaron cosas tales como «escuchar con atención», ser conscientes del «lapso de tiempo empleado por un individuo para hablar de algo», y descubrir «dónde pone la energía cada persona y qué despierta su curiosidad». Un líder también mencionó «diagnosticar el estado de la conversación» y «prestar atención a mis propias intuiciones». Por lo tanto, los líderes atendieron a una variedad de señales para ayudarles a monitorizar el clima emocional.

Estas historias también demuestran que, cuando los líderes detectaban señales de problemas o posibilidades, no se limitaban a quedarse sentados y desear que pasara lo mejor. Actuaron. Por ejemplo, cuando Cynthia descubrió que la puerta de una empleada estaba medio cerrada, podría haber pasado de largo sin hacer nada; sin embargo, actuó llamando a la puerta e inició una conversación difícil. No se limitó a dejarlo estar y esperar que las cosas mejorasen por sí solas. Cynthia también demostró persistencia y perseverancia durante el encuentro con la empleada. No se retiró cuando la empleada inicialmente intentó evitar el problema.

Julia también demostró iniciativa cuando fue más allá de sus responsabilidades para ayudar a su equipo a afrontar el conflicto y el desánimo. No ocupaba una posición de liderazgo formal; en tanto representante general de Recursos Humanos del equipo, podría haberse limitado a quedarse en segundo plano y observar cómo los miembros del equipo se esforzaban por luchar con sus propios problemas. En cambio, pidió permiso al líder del equipo para celebrar un encuentro a fin de que los miembros del equipo realizaran una actividad inusual. Muchos de los otros líderes excepcionales que entrevistamos también demostraron este tipo de iniciativa. No se limitaron a observar el clima emocional; buscaron activamente señales sutiles de la emoción para influir en el curso de los acontecimientos. Y cuando descubrieron una necesidad u oportunidad, actuaron.[44]

Conclusión

Da la impresión de que monitorizar el clima emocional fue una estrategia útil para muchos de los líderes que estudiamos. Sin embargo, algunos autores han sugerido que la sensibilidad emocional puede interponerse en el liderazgo eficaz.[45] El liderazgo, argumentan, requiere una acción decidida, un análisis incisivo y una planificación meticulosa, y la sensibilidad emocional dificulta que los líderes implementen estos aspectos de forma eficaz. Sin embargo, esta perspectiva no considera que los líderes necesitan ambas cosas. En determinadas situaciones, podría ser mejor que los líderes bloqueen la conciencia emocional para poder concentrarse en una tarea específica. Como ejemplos podemos traer a colación a los oficiales que comandan a los soldados en mitad de una batalla, o a los cirujanos que dirigen a sus equipos durante una fase crítica de una operación. Por otro lado, habrá situaciones en las que estos mismos líderes necesiten monitorizar el clima emocional del grupo. Los cirujanos, por ejemplo, podrían perder alguna información vital, o tener un problema moral real en el equipo de sala de operaciones, si no supervisan el clima emocional antes y después de la operación. Parte de la inteligencia emocional consiste en la capacidad de modular la sensibilidad emocional en función de la situación.

También habrá ocasiones en las que los líderes necesitarán actuar con decisión, planificar con serenidad *y* monitorizar el pulso emocional de una reunión o relación, todo ello simultáneamente. Los líderes excepcionales de nuestro estudio tenían facilidad para actuar así. De hecho, lo que solía reforzar la eficacia de estos líderes era que su acción y planificación estaba *orientada* por su constante monitorización del clima emocional. Esta era, por lo tanto, una de las estrategias más útiles.

Actividad 1.1.

Monitorizar el clima emocional en tu próxima reunión

La sala de reuniones es el entorno en el que los líderes suelen pasar incontables horas analizando, diseñando estrategias y debatiendo cuestiones importantes con los demás. Además de un foro para discutir aspectos relevantes, las reuniones también pueden proporcionar a los líderes una valiosa oportunidad para perfeccionar sus destrezas a la hora de monitorizar el ambiente emocional en el seno de sus empresas, tal como hemos aprendido en los ejemplos presentados en este capítulo. Durante estas reuniones, líderes como Cynthia, Julia y Michael descubrieron importantes pistas emocionales vinculadas a cuestiones subyacentes en el seno de las organizaciones.

Tu trabajo como líder emocionalmente inteligente consiste en aprovechar esta oportunidad. Asegúrate de observar durante la próxima reunión. Señálala en tu agenda como una reunión en la que te dedicarás a observar más y hablar menos. Anota tus observaciones poco después del encuentro para recordar fácilmente lo sucedido al intentar que los datos tengan sentido. He aquí algunos consejos para empezar:

- ¿Qué tipo de conducta no verbal observas?
- ¿La gente parece distraída y poco interesada? ¿O se muestra positiva y comprometida?
- ¿Percibes algo diferente en comparación con reuniones anteriores?
- ¿Quién se ha ausentado? ¿Es posible que la ausencia de determinada persona tenga que ver con el ambiente emocional del grupo? ¿Quién llega temprano y quién llega tarde? ¿Dónde y junto a quién se sienta la gente?
- ¿De qué se habla? ¿De qué *no* se habla?

A continuación, habla con alguien presente en la reunión para poner a prueba tus observaciones. Plantea preguntas abiertas para capturar la máxima información posible. Por ejemplo, podrías formular: «¿Qué piensas de la reunión?». (*Si has descubierto a una persona especialmente afectada durante la reunión, puedes plantear esta pregunta como una forma de abrir la discusión respecto a lo que has observado, pero ten cuidado de no transmitir un juicio o condena. Como monitor emocional, tu tarea consiste en reunir información sobre aquello que puede influir en el clima emocional del encuentro*). Haz saber a esa persona que aprecias su *feedback*, ya que aporta una valiosa información de la que no dispondrías de otro modo.

Por último, después de obtener otra perspectiva, reflexiona sobre tu papel y cómo podría influir en lo que ha sucedido en la reunión. Elabora algunas intuiciones relativas a qué puede estar pasando, a partir de lo que has aprendido de tus observaciones y las conversaciones posteriores, y utiliza esta información como la base para un cambio positivo. Por ejemplo, si has percibido una atmósfera positiva en la reunión, ¿cómo podrías apoyarte en ella? Si, por otro lado, has detectado algo inapropiado por parte de un individuo o del equipo, ¿qué pasos podrías dar para empezar a afrontar el problema?

2. Deja que los demás sepan cómo te sientes

Aaron era el CEO de una gran empresa de construcción. Era un hombre corpulento que había llegado a la cima en una industria poco conocida por las «competencias sociales». Por lo tanto, nos sorprendió cuando el primer incidente descrito en la entrevista que mantuvimos con él, el repentino colapso y muerte de su presidente del consejo, fue un acontecimiento en el que la expresión directa de la propia tristeza y duelo de Aaron ante sus empleados jugó un papel relevante y decisivo. Así es como empezó su historia: «El presidente de nuestra empresa había iniciado su presentación en la reunión de la compañía de diciembre anterior. Tras hablar unos minutos, tuvo un ataque al corazón y murió […]. Fue una experiencia profundamente emotiva. Cuando sucedió, había 96 personas en la sala, y la noticia se difundió con rapidez por toda la empresa».

La pérdida fue especialmente dura para Aaron. Había sido alguien cercano al presidente durante muchos años; era el mentor y guía de Aaron. «Para mí fue la pérdida de un confidente. Yo podía ir a su oficina y quejarme, y él respondía: "Sí, tienes razón"». Preguntamos a Aaron cómo gestionó la situación, y él respondió:

> Esa noche fui al hotel y hablé con la gente. A la mañana siguiente me dirigí a toda la empresa. Y mi mensaje fue: «Olvidad el trabajo hoy. Hemos perdido a un miembro de nuestra familia, a un amigo…».

Y luego añadí: «Si realmente amáis a vuestra familia, sugiero que hoy se lo transmitáis, porque no sabemos cuándo nos llegará la hora… Mañana podemos no estar aquí, o pueden no estar los demás. Ninguno de nosotros tiene ningún control sobre esto». Así, dirigí a los empleados, nos arreglamos, seguimos adelante y la empresa no se derrumbó. Hoy tenemos tanto éxito como entonces […] aunque no estoy seguro de ser hoy la misma persona.

Podemos imaginar otra forma de actuar por parte del líder en una situación así. Por ejemplo, el líder podría minimizar la expresión de las emociones, aludiendo sucintamente a la pérdida y animando a los empleados a pasar página tan pronto como sea posible. Sin embargo, el planteamiento de Aaron supuso un reconocimiento abierto del impacto emocional que la situación tenía en todo el mundo, incluido él mismo. En sus palabras a los empleados, utilizó la primera persona del plural: «*Hemos* perdido a un miembro de *nuestra* familia, a *nuestro* amigo» y «No *sabemos* cuándo *nos* llegará la hora». El dolor de Aaron era palpable. No intentó minimizarlo u ocultarlo a sus empleados. Expresar estos sentimientos reveló la propia vulnerabilidad de Aaron, algo que podría aumentar la ansiedad de los empleados, pero también revelaba su humanidad. Redujo la distancia entre él mismo y el resto del personal, que en última instancia reforzó su confianza en él. La forma en que Aaron gestionó la muerte del presidente de su empresa ilustró la segunda estrategia de inteligencia emocional que utilizan muchos de nuestros líderes.

Estrategia 2.
Expresa tus sentimientos para motivar a los demás

Los teóricos evolucionistas creen que la expresión de la emoción constituye una importante función adaptativa para muchas especies, incluida la nuestra. Nos motiva a actuar en respuesta a los retos y oportunidades. También constituye un relevante sistema de señalización;[46] ¡saber cómo se siente el jefe cuando se lo ve aparecer al inicio de la jornada es una información valiosa para todos los miembros del grupo!

Suprimir nuestras emociones puede resultar costoso de muchas formas. El aspecto negativo más importante tal vez resida en que nos impide el desarrollo de relaciones positivas con los demás. Como señaló James Gross, de la Universidad de Stanford, «una de las razones por las que sintonizamos tanto con las emociones de los demás estriba en que, cuando se trata de una emoción real, nos dice algo fundamental sobre lo que resulta importante para la otra persona. Si se suprime o se atenúa, la gente piensa: "Maldición, no eres como nosotros, no te preocupan las mismas cosas"».[47] De hecho, en un estudio, a los estudiantes universitarios que puntuaron más alto en la variable de la supresión de la emoción les resultaba más difícil hacer amigos.[48]

La expresión emocional de un líder también marca el tono de un grupo e influye en su eficacia. Por ejemplo, imagina que formas parte de un grupo al que se le pide que diseñe un buen plan para distribuir primas entre los empleados en una organización ficticia. El líder de tu grupo es positivo y optimista. Tu amigo está en otro grupo al que se le ha encomendado la misma tarea, pero su líder se muestra abatido y taciturno. ¿Cuál de los dos crees que tendrá una mejor experiencia? ¿Qué grupo funcionará mejor como conjunto? ¿Y cuál de los dos ideará un mejor plan?

La investigadora organizacional Sigal Barsade dirigió un estudio clásico de gran parecido con este escenario ficticio.[49] Distribuyó aleatoriamente a los participantes en cuatro grupos distintos. En cada uno de ellos había un mismo cómplice entrenado (un actor profesional). En el primer grupo, el cómplice era alegre y entusiasta. En el segundo se mostraba cálido y sereno. En el tercero, el cómplice manifestaba hostilidad e irritación. Y en el cuarto aparecía como deprimido y aletargado. En todos los grupos, muy pronto el cómplice asumía el papel de líder informal, tal como había sido entrenado para hacer.

Barsade descubrió que se producía un fuerte efecto de «contagio emocional», en el que los miembros del grupo «pillaban» el estado de ánimo del líder informal (aunque el efecto era más débil si el líder se mostraba deprimido). Del mismo modo, había una mayor cooperación y un menor conflicto en los grupos con un líder positivo. Sin embargo, el hallazgo más intrigante fue que los grupos con un líder emocionalmente optimista rendían más en la tarea asignada. En resumidas cuentas, el estado de ánimo de un grupo era decisivo para su eficacia, y la expresión de las emociones por parte del líder podía determinar el ánimo de todo el grupo.

La expresión de la emoción es lo que distingue a los líderes carismáticos de los demás,[50] y juega un papel importante en el desarrollo, estrategias de persuasión y seguridad psicológica del grupo.[51] La expresión de las emociones puede ayudar a los líderes a recordar detalles importantes. En un estudio, un grupo vio una película inquietante. A algunas personas se les pidió que suprimieran sus emociones. Tras el visionado, a los espectadores se les pasó un test para evaluar lo que habían visto. Quienes intentaron suprimir sus emociones recordaban menos detalles.[52] Suprimir las emociones requiere energía, y esa energía se desvía de la resolución de problemas.[53]

Reforzar las relaciones positivas al expresar aflicción

Al parecer, en nuestro estudio los líderes expresaron tristeza o aflicción como una estrategia para motivar a otros y cultivar relaciones positivas.[54] Como Aaron, tendieron a hacerlo para ayudar a sus empleados a superar una pérdida personal, trágica. Yolanda, directora de formación y desarrollo para una gran empresa textil, describió un incidente en el que un miembro de su equipo perdía a un hijo en un accidente de automóvil. El equipo estaba muy unido, por lo que las noticias fueron perturbadoras para todos. Pasaron muchas semanas hasta que el miembro del equipo regresó al trabajo, y, mientras tanto, Yolanda se preocupó por ella, la llamó y la visitó a menudo. Yolanda admitió sentirse nerviosa porque no sabía cómo manejar exactamente la situación. Sin embargo, no se echó atrás. En su papel de líder y mentora, Yolanda comprobaba con cierta frecuencia el estado de su compañera de equipo. Esas visitas podían ser emotivas: «Es muy duro para ella, lo percibo –dijo Yolanda–, a veces lloramos».

No hay reglas inequívocas que definan cómo debe actuar un líder en situaciones así. Algunos líderes parecen creer que hay que mantener una fachada de profesionalidad para evitar debilitar la propia autoridad o empeorar una situación ya de por sí delicada. Incluso llegan a creer que este distanciamiento ayudará a la persona en duelo a «recuperarse» más rápidamente. Es cierto que los líderes organizacionales no deberían actuar como amigos personales, psicoterapeutas o miembros del clero. Pero Yolanda creía que, como líder del grupo, parte de su responsabilidad era ayudar a los demás a desenvolverse en un nivel óptimo, ya que reconfortar a una persona contribuye al buen funcionamiento del grupo.

Sin embargo, la forma más útil para que el líder exprese emociones varía en función de la situación y el contexto cultural. En esta situación concreta, a Yolanda le pareció apropiado llorar junto a su miembro del equipo, sumida en la aflicción, cuando se encontraban a solas y al margen del entorno de la oficina. No obstante, probablemente el llanto no sería muy útil durante una reunión para evaluar el nuevo plan estratégico de la empresa, aunque todos los miembros del equipo se mostraran molestos ante los cambios. Expresar los sentimientos de otra forma, sin embargo, ayudaría al grupo a sobreponerse y afrontar la situación con más eficacia.

El planteamiento de Yolanda fue reivindicado cuando, pasado un tiempo, la compañera de equipo le contó lo que su apoyo había significado para ella. Dijo: «Estuviste perfecta... Mantuviste la conexión, y sé que estás ahí».

Como muchos otros líderes que hemos estudiado, Yolanda no intentó minimizar las emociones suscitadas por la situación. Se comprometió activamente con esos sentimientos y con quienes los manifestaban. Se permitió sentir las emociones y las utilizó para guiar sus propios actos. Al mismo tiempo, necesitaba controlarlas para evitar que la desbordaran. Por otra parte, tenía que ser consciente, en cierto nivel, de las normas para expresar las emociones en el seno de su organización. Si su emocionalidad resultaba excesiva para esos estándares, el resultado habría sido menos positivo.[55] A fin de cuentas, la inteligencia emocional implica la combinación habilidosa de todas las destrezas esenciales (toma de conciencia, expresión, comprensión y gestión de la emoción).

Expresar las propias emociones para ayudar a los empleados a afrontar los despidos

Los despidos representan un tipo de pérdida diferente, y algunos líderes han descubierto que expresar abiertamente sus propios sentimientos parecía ayudar al resto de los empleados a superar tan delicado trance. Cynthia, directora de una gran empresa de ingeniería, era uno de esos líderes. Cuando la empresa despidió al 10% de sus empleados, se reunió con el resto en un encuentro de todo el personal. En lugar de guardarse sus sentimientos, los expresó:

> Durante la reunión, el mensaje fue: «Esto es lo que hemos hecho. Ha sido terrible. Nada divertido. No lo hemos hecho porque fueran malas personas, sino para equilibrar la carga de trabajo con el número de empleados. Aquí es donde estaríamos de no haber actuado así, y aquí es donde vamos a estar». Por lo tanto, se trataba de pasar cierto tiempo compartiendo las emociones suscitadas por los acontecimientos, para a continuación ayudarlos a comprender y llevarlos emocionalmente al mismo lugar por medio de un relato convincente… *Implicaba ayudar a los demás a gestionar sus emociones haciendo lo mismo con ellas.*

Como señaló Cynthia, compartir con sus empleados sus sentimientos respecto a los despidos era una parte importante del proceso de curación. Ayudó a sus subordinados a gestionar sus emociones compartiendo las suyas de forma directa pero modulada. Sin embargo,

Cynthia subrayó que era igualmente importante ayudar a que todo el mundo avanzara por medio de la expresión de una perspectiva más esperanzada. Así pues, tras pasar un tiempo expresando sus propios sentimientos y permitiendo que los demás hablaran de los suyos, Cynthia encaró el futuro en términos más optimistas. Había un equilibrio entre la expresión de emoción negativa (tristeza, pérdida, aflicción) y una emoción más positiva (esperanza, optimismo), y encontrar el equilibrio hizo que la expresión de la emoción fuera especialmente útil en esta situación.

Además del equilibrio en el tono emocional, también hubo ecuanimidad entre el pensamiento y la emoción. En cuanto Cynthia compartió sus sentimientos con el grupo, pasó a un tono más analítico. Presentó gráficas y cifras que reflejaban la situación financiera a la que se vería abocada la empresa de no haber tomado la decisión de despedir a una parte de la plantilla, y cuál sería la situación una vez implementados los despidos. Equilibrar con cuidado la emoción con el pensamiento fue un ejemplo emocionalmente inteligente de expresar emociones.

El proceso que Cynthia atravesó al anunciar los despidos fue emocionalmente más inteligente porque, a medida que se sucedían los cambios, ella no dejaba de monitorizar el clima emocional para asegurarse de que la presentación de la situación tenía el efecto deseado en sus empleados. Después de describir cómo había dirigido la reunión, añadió: «Y es importante ser consciente de cómo lo estamos viviendo, pero también hay que mirar a la gente a la cara y descubrir cómo están asimilando el cambio».

Analizar así lo que Cynthia hizo en la reunión resulta, en cierto modo, engañoso, porque da la impresión de que se trató de una *performance* mecánica, calculada. Sin embargo, de haber sido así, pro-

bablemente no habría sido efectiva. De hecho, lo habría empeorado
todo. Aunque hubo cierto cálculo en el hecho de que Cynthia planificó empezar su presentación hablando de sus propias emociones
negativas para avanzar hacia una visión más positiva y basada en el
análisis racional, en cuanto empezó la reunión se permitió «hablar
desde el corazón». Los sentimientos que expresó eran sinceros, y los
transmitió inmersa en una sensación de autenticidad.

Cynthia siguió transmitiendo sus emociones en relación con los
despidos durante las semanas siguientes, en reuniones individuales
con los empleados. Por ejemplo, cuando se reunía con un empleado
molesto por cómo se habían gestionado los despidos, le permitía
«desahogarse» y le transmitía sus propios sentimientos sobre lo
sucedido. La expresión de las emociones de Cynthia permitía al
empleado manifestar sus sentimientos más abierta y directamente, lo
que le ayudaba a gestionar mejor sus emociones. Además, como las
emociones de Cynthia eran similares a las del empleado, su manifestación contribuía a romper las barreras erigidas entre la directora
y su subordinado.

Expresar las emociones para inspirar a otros en una reunión municipal

Los despidos pueden ser perjudiciales para la moral en cualquier
organización, pero los líderes que hemos estudiado a menudo intentaban levantar el ánimo aun en ausencia de un acontecimiento específico. Y expresar abiertamente sus propias emociones desempeñaba
un papel significativo. Por ejemplo, Aaron, que celebraba muchas
reuniones municipales al año, describió una en la que pretendió

inspirar a sus empleados con una historia sobre el entusiasmo y la dedicación desplegada por uno de sus grupos de trabajo:

> La semana anterior, acudí a dos reuniones de trabajo a las 6 de la mañana en Nueva York, y abrí mi presentación [en el ayuntamiento] refiriéndome a ellas. Dije: «¡Esa gente acude a una reunión de planificación cada día a las seis de la mañana! ¡Lo hacen *cada* día! Y no viven en Nueva York. Y tampoco se van a las 3.30. Lo que realmente me impresionó fue el entusiasmo que reinaba en el ambiente». Empecé así mi presentación, y obtuve un tremendo *feedback*.

Como Cynthia, Aaron contó una «historia atractiva» para animar a sus empleados. En este caso, se basaba en un acontecimiento actual que había ocurrido en el pasado reciente, no era una visión del futuro. Y en ambos casos, no fue solo una imagen o un relato lo que motivó a los demás, sino también los propios sentimientos del líder y la forma conmovedora de expresarlos mientras contaba la historia. Si Aaron no se hubiera sentido «realmente impresionado» por lo que vio en aquellas reuniones de planificación a las 6 de la mañana, y si no hubiera sido capaz de expresar sus sentimientos abiertamente mientras compartía lo que había visto con sus subordinados, no habría ejercido mucho impacto en el entusiasmo y el compromiso de sus oyentes.[56]

Expresar emoción era especialmente importante cuando los líderes se disculpaban por los errores cometidos. Muchos líderes políticos y empresariales parecen haber aprendido, gracias a sus *coaches*, que, cuando se comete un error, lo mejor es pedir disculpas. Sin embargo, a menudo esas disculpas dan la impresión de ser huecas. Los líderes manifiestan poca emoción y utilizan expresiones como «Se han cometido errores», lo que sugiere poco remordimiento o sensación de responsabilidad personal por su parte. Una disculpa efectiva es profundamente personal y no solo un intento forzado para restar tensión a una situación difícil o granjearse la aceptación. Los líderes excepcionales no invierten mucho tiempo en disculpas, pero, cuando lo hacen, resulta eficaz porque sus palabras brotan del corazón.

¿Y qué hay de la ira? Cómo una líder la utilizó eficazmente

Hemos visto que los líderes obtuvieron resultados notables al expresar emociones negativas como dolor y tristeza, y resultados positivos como admiración y entusiasmo. Pero ¿qué pasa con la ira? Expresar enfado parece más complicado. Enfadarse y manifestarlo puede poner en apuros a los líderes. Sin embargo, algunos de los incidentes sugieren que a veces la expresión de la ira puede resultar adaptable si los líderes lo hacen de una forma emocionalmente inteligente. Julia, vicepresidenta senior de Recursos Humanos en una gran empresa farmacéutica, describió uno de estos incidentes. Un gerente de su empresa quería eliminar el puesto de alguien a quien Julia consideraba una persona de talento y un buen activo. Por lo tanto, pidió a dos miembros de su sección de Recursos Humanos que hablaran con el empleado y lo animaran a buscar un puesto en otra sección de la empresa. «Se lo pedí a mi gente de RR.HH. al menos tres veces, y, por último, una semana más tarde, volví a preguntar: "¿Qué ha pasado con Alan?". Y respondieron: "Bueno, estamos esperando a redactar el perfil laboral y…". ¡Todo ese rollo burocrático! Así que dije: "¡Ya basta! ¡Se trata de nuestro empleado, no entiendo por qué lo estáis demorando!". Y entonces lo arreglaron en un solo día. Fue un episodio muy frustrante para mí».

Esta líder comunicó su exasperación de forma clara y directa; en consecuencia, rompió el bloqueo burocrático. La breve y concentrada expresión de su ira también transmitió la importancia de la compasión y la atención al tratar con los empleados en líneas generales. El mensaje subyacente manifestaba que el procedimiento burocrático no debería interponerse a la hora de tratar humanamente a los empleados. Este ejemplo sugiere que la expresión de ira puede ayudar a los líderes a influir en los demás y alcanzar sus objetivos; sin embargo, también apunta a algunos de los factores que determinan si la expresión de la ira será eficaz o contraproducente. La relación positiva de Julia con su equipo, y su larga historia trabajando juntos, propiciaron que su estallido fuera especialmente eficaz y minimizaron las consecuencias negativas. El mismo arranque de ira en un líder percibido de forma menos positiva podría no haber funcionado tan bien.[57]

Consejos para expresar las emociones eficazmente

Incluso en las emociones positivas, el modo en el que el líder las expresa puede marcar la diferencia en cuanto a su eficacia. Por desgracia, describir cómo los líderes han expresado eficazmente una emoción en una situación determinada puede resultar una tarea compleja. Es como intentar describir en palabras cómo un golfista de talla mundial blande el palo, o cómo un virtuoso del violín desliza el arco por las cuerdas. Sin embargo, algunos de los líderes que entrevistamos sugirieron unos pocos elementos que les sirvieron de ayuda.

Bruce, supervisor de un distrito escolar suburbano, describió cómo marcó el tono durante su reunión con los profesores al principio del curso académico. «No llevo nada escrito... Mientras hablo, suelo encontrar las palabras adecuadas para hacerles sentir que son un equipo. No las escribo. Para mí eso no funciona. Tengo que hablar desde el corazón».

Sin embargo, Bruce sugirió que dedicar un cierto tiempo a la reflexión y a la planificación era de mucha ayuda. Tal como explicó, «siempre soy consciente del tono emocional, en todo lo que digo y escribo. Incluso pido a un par de personas que verifiquen el tono emocional». No es que Bruce pueda activar o desactivar sus sentimientos, pero es capaz de pensar con antelación en el «tono correcto» en una situación futura y en qué medida pretende expresar sus sentimientos en lugar de modularlos. Más tarde, cuando llega el momento, puede invocar las emociones precisas y expresarlas para conmover a los demás.[58] Por lo tanto, aunque los sentimientos que Bruce expresa en estos importantes discursos son genuinos, la preparación mental juega su papel. Como toda acción emocionalmente inteligente, implica tanto al cerebro reflexivo como al emocional.[59]

Los comentarios de Bruce también sugieren que, para expresar la emoción eficazmente, la mera idea debe hacernos sentir cómodos. Tenemos que creer que expresar la emoción está «bien» en lugar de pensar que es algo que conviene evitar. La actitud es tan importante como la técnica. Bruce fue capaz de inspirar a la gente por medio de la expresión de sus emociones porque creía que actuar así era lo correcto. De hecho, consideraba que «establecer el tono emocional correcto» era un aspecto relevante de su trabajo. Los líderes que creen que alguien que ocupa su posición debe evitar las manifestaciones emocionales, o que se muestran inseguros al respecto, probablemente no estarán en condiciones de expresar sus emociones con eficacia.

La historia de Aaron sobre su visita a un equipo de trabajo a las 6 de la mañana ilustra cómo compartir un relato atractivo puede ayudar a los líderes a expresar las emociones eficazmente. Dorothy, directora de una pequeña agencia de servicios sociales sin ánimo de lucro, también recurría a historias para expresar emociones que inspiraran a otros. Dijo: «Es muy importante compartir el entusiasmo, la excitación y una sensación de urgencia». A continuación, describió una presentación que recientemente había hecho ante un potencial inversor. Al principio no se sentía muy entusiasta, porque, al día siguiente, iba a ser sometida a una operación. Lo explicó así: «Era lo último que quería hacer. Sin embargo, mientras hablaba con ellos y me refería a las familias que atendemos y a las necesidades de nuestros clientes, vi cómo asentían y susurraban cosas como "Esa es la cuestión" o "Eso suena fabuloso". Lo mismo ocurre cuando me dirijo a la junta».

Cuando Dorothy contó sus historias sobre clientes a los que había ayudado, y descubrió cómo quienes la estaban escuchando se conmovían, ella empezó a conmoverse aún más. No eran solo las historias las que reforzaban su entusiasmo y pasión. Detectar la expresión de emociones positivas en sus oyentes al responder a estas historias multiplicó el entusiasmo de Dorothy. Fue un proceso dinámico y recíproco, un «círculo virtuoso» en el que las emociones de la líder impregnaban a los otros y las emociones de los otros reforzaban a la líder.[60]

De todas las emociones que los líderes pueden expresar, el entusiasmo suele ser la más poderosa y eficaz. Amy Gutmann, rectora de la Universidad de Pennsylvania, dijo que aprendió lo anterior de «todos los profesores excelentes» que tuvo en su vida. Citó a Emerson, que escribió: «Nada grande se ha conseguido nunca sin entusiasmo».[61] Los líderes que comprenden esto y son capaces de producir y conservar el entusiasmo en sí mismos gozan de una gran ventaja.

Dorothy señaló que su entusiasmo no era algo planificado o artificial. «No pienso en mi pasión como en "gestión de la emoción". Simplemente sucede». Sin embargo, sí planificó el uso de historias para aumentar su entusiasmo y hacerlo contagioso. Comprendió que esas historias, narradas oportunamente, tendrían ese efecto; pero en cuanto empezó a narrarlas, dejó que la parte emocional de su cerebro hiciera el resto.

Aunque resulta especialmente eficaz utilizar las propias experiencias, a menudo los líderes miran al exterior y buscan historias. Cuando Aaron fue a observar la reunión en un centro de trabajo a una temprana hora de la mañana, se situó a sí mismo en una situación que proporcionaba una poderosa historia, que más tarde compartió con el resto de su empresa. Aunque en su discurso podría haber aludido a la reunión sin haber participado en ella, probablemente no habría estado tan inspirado ni imbuido de tanto sentimiento al relatar la historia en la reunión municipal. La lección que pueden aprender los líderes que pretenden expresar emociones para motivar a los otros es crear o buscar un estímulo eficaz, como una historia personal o relacionada con el trabajo, y permitir entonces que la emoción que suscita esa historia emerja en las propias palabras y acciones.[62]

Conclusión: ¿deben los líderes mostrar siempre cómo se sienten?

Muchos líderes de organizaciones dudan a la hora de expresar lo que sienten, especialmente cuando esos sentimientos son negativos.

Creen que esto puede minar la acción racional y objetiva y amenazar el orden y la previsibilidad que son esenciales para el buen funcionamiento de grupos y organizaciones. A algunos líderes también les preocupa que la expresión de las emociones deteriore su autoridad. Incluso algunos líderes de nuestro estudio sugirieron que, en situaciones de crisis, es importante mostrar serenidad y no permitir que los otros piensen que están inquietos. Por lo tanto, ¿qué debería hacer un líder en estos casos?

Intentar aparentar calma negando o minimizando los desafíos que afronta el líder y su grupo probablemente no funcionará. Un mejor planteamiento consiste en que los líderes reconozcan esos desafíos y empaticen con los sentimientos de los otros mientras mantienen una compostura serena, como intentó hacer Cynthia al hablar de los despidos con sus empleados. A ser posible, los líderes deben mantenerse estables para ayudar a los demás a gestionar sus emociones. En pocas palabras, suele ser mejor que los líderes expresen emociones, pero que mantengan el control.

Sin embargo, a veces perder el control emocionalmente en presencia de otros resulta inocuo e incluso puede tener un impacto positivo. Por ejemplo, una vez vimos que un líder perdía su compostura habitual y rompía a llorar cuando anunció la muerte de un amigo y colega muy querido. En ningún caso la acción socavó su autoridad o influyó en los demás de una forma negativa. Si acaso, lo hizo más humano, lo que reforzó el respeto y la lealtad que los demás sentían hacia él. ¿Qué diferencia esta situación? ¿Cuándo está bien que los líderes se vean momentáneamente superados por sus emociones cuando las expresan?

En esta situación, y en otras en las que podamos pensar, el tipo de emoción puede ser un factor relevante. Dejarnos inundar por la emoción al expresar tristeza puede acabar teniendo un efecto positivo, pero dejarse arrastrar por la ira o el miedo podría ser perjudicial. La intensidad y duración de la emoción también parecen ser importantes. En nuestro ejemplo, el líder hizo una breve pausa mientras unas lágrimas se deslizaban por sus mejillas. Estaba claramente afectado. Lloró de forma inequívoca, pero fue un sollozo suave, no un llanto estremecedor. No pudo seguir por un momento, pero enseguida recuperó el control, y en pocos minutos volvió a su compostura habitual. Un último factor tiene que ver con la imagen que el grupo tenga de él. En este caso, los miembros del grupo lo conocían desde hacía mucho. Lo conocían bien y lo respetaban. Y habían visto cómo afrontaba situaciones muy estresantes en el pasado. En consecuencia, su momentánea pérdida de control al expresar sus emociones no tuvo un impacto negativo; en todo caso, reforzó la lealtad y el compromiso del equipo.[63]

Actividad 2.1.

Expresar emociones e influir en los demás a través de las historias

Una historia atesora un inmenso poder. Líderes como Aaron y Dorothy descubrieron que contar historias puede ser una forma atractiva de transmitir emoción a muchos niveles. Permite a otra persona atisbar nuestra vida emocional interior y comprender qué dota de significado a la vida, creando así oportunidades para mejorar los vínculos. La narración de historias también puede ser una herramienta persuasiva a la hora de inspirar a otros a la acción. El siguiente ejercicio está concebido para ayudarte a pensar en cómo utilizar tus experiencias emocionales en forma de historia, a fin de establecer una conexión con otros y conmoverlos.

Instrucciones

1. Identifica a una persona o grupo de personas a quienes queremos inspirar o ayudar a avanzar en una dirección particular.
2. Piensa en una experiencia que haya tenido un gran impacto emocional en ti (tanto si te ha ocurrido a ti como si has sido testigo de ella) y que refleje la pasión por el acontecimiento o la cuestión que intentas compartir con los demás.
3. Escribe cómo vas a usar esa experiencia para formular un relato que servirá de inspiración a los demás en su pensamiento y en sus actos.
4. Para empezar a pensar desde una perspectiva narrativa, repasa la experiencia bajo la forma de un relato: ¿Cómo empezó? ¿Quiénes eran los personajes principales? ¿Qué sucedió? ¿Qué barreras o problemas fueron superados? ¿Cuál fue el desenlace? ¿Cuál es la moraleja de la historia? ¿Qué nos ha mostrado y enseñado esta experiencia?

Recuerda que una historia es algo que atrapa la imaginación y atención de la gente, por lo que no debería ser tediosa ni caer en el sermón. Ni siquiera tiene que tratar acontecimientos dramáticos. Por ejemplo, Aaron contó una historia basada en una experiencia cotidiana en un entorno laboral. Invitar al público a un viaje que tiene sentido para ti, en especial si guarda relación con la superación de barreras o dificultades, es lo que los acercará a tu historia. Así pues, inténtalo. ¡Siempre puedes hacer una prueba con alguien de tu confianza y descubrir el tipo de reacción que inspiras!

Actividad 2.2.

Escribir para expresar tus emociones

La escritura expresiva es una forma de escritura que nos obliga a preguntarnos cómo nos sentimos, y por qué nos sentimos así, sin tener en cuenta la opinión o el juicio de los demás.* Marian, vicepresidenta de una gran empresa química internacional, fue una de las participantes en esta investigación que recurrió a la escritura para «expresar con valentía lo que está pasando» en su interior y ayudarla a pensar de forma más clara. Una amplia investigación sobre la escritura expresiva ha demostrado su capacidad como poderosa herramienta para mejorar la salud mental y física, entre otros aspectos la respuesta inmunitaria, la inflamación, la ansiedad y el dolor crónico. También ha demostrado que beneficia el aprendizaje y el rendimiento en el trabajo.

El objetivo de esta actividad es ayudarte a sentirte más cómodo al identificar y expresar las emociones que estás experimentando. Conviene recordar estos puntos en relación con la escritura expresiva:

• No hay reglas.
• No te preocupes por la gramática o la ortografía.
• Escribe solo para ti.
• Silencia la crítica interior y déjate llevar.

Instrucciones

Haz la promesa de escribir 15 minutos al día al menos cuatro días a la semana. Durante esos 15 minutos, concéntrate en escribir sobre las más profundas emociones y pensamientos que hayan despertado acontecimientos recientes, tanto positivos como negativos, independientemente de dónde los hayas experimentado (por ejemplo, en casa,

---

*.   Esta actividad se basa en la investigación y el trabajo de Pennebaker y Smith (2016), tal como se describe en su libro.

en el trabajo, etc.). Lo importante es concentrarte en la naturaleza de tus sentimientos y en por qué te sientes así de forma honesta y sin censuras. También puedes escribir sobre cómo estas emociones influyen en tus relaciones, tus objetivos y tus sueños.

Una pequeña nota al margen: escribir así es una experiencia nueva y puede resultar un tanto incómoda al principio. Tal vez te sientas un poco triste después de escribir sobre una experiencia perturbadora. Esto es algo normal, y habitualmente esas emociones se desvanecen a las pocas horas. Has de sentirte libre para cambiar de tema o dejar de escribir por un rato. Con el tiempo, sin embargo, deberías empezar a percibir ciertos temas o patrones que te confieren una nueva perspectiva respecto a las situaciones, sentimientos y relaciones.

Actividad 2.3.

Conocer tu huella emocional

Tu forma de expresar emociones es tan única como tus huellas dactilares. Todos tenemos diferentes habilidades y zonas de seguridad a la hora de permitir que los demás sepan cómo nos sentimos. Algunos huirán de la expresión de las emociones y otros se sentirán tan cómodos que tal vez expresen demasiado. Otro tanto puede decirse en lo relativo a ciertos tipos de emoción. Por ejemplo, para algunos expresar emociones negativas puede ser más fácil que manifestar sentimientos positivos, y viceversa.

El siguiente ejercicio está diseñado para ayudarte a «pensar» en los diversos factores que influyen en tu expresión de las emociones. Eres libre de anotar las respuestas y compartirlas con alguien de tu confianza.

- ¿Cuál es tu actitud hacia la emoción?
- ¿Qué emociones te resultan cómodas expresar en el trabajo? ¿Y en casa?

- ¿Qué emociones te incomoda expresar en el trabajo? ¿Y en casa?
- ¿Cómo reaccionan los demás cuando expresas tus emociones? ¿Por qué crees que reaccionan así?
- Si hubiera una emoción que te gustaría expresar mejor, ¿cuál sería?

Si hay una emoción cuya expresión te gustaría mejorar, busca modelos que expresen ese sentimiento de forma adecuada. (Podrías incluso buscar a actores y actrices de cine o televisión que representen la emoción especialmente bien). ¿Qué los hace tan eficaces a la hora de expresar esa emoción? Apunta tus observaciones y descubre si, en su forma de expresar ese sentimiento, hay algo que tú quieras probar. ¡Podrías descubrir algo nuevo sobre tu forma de ser!

3. ¿Cuál es tu impacto en los demás?

James era vicepresidente senior en una importante consultoría, uno de cuyos departamentos estaba sometido a un intenso examen regulador. Justo cuando todo entraba en una fase especialmente crítica, el jefe de departamento cayó enfermo. Cuando James monitorizó el clima emocional del grupo de liderazgo (*Estrategia 1*), descubrió que había «mucha angustia y preocupación debido a la incertidumbre generada por el desconocimiento de cuánto tiempo estaría de baja. ¿Serían un par de días? ¿Un par de semanas? El personal estaba muy asustado porque nos encontrábamos en pleno desafío regulador».

Mientras consideraba en qué sentido sus actos podrían ayudar al personal a afrontar estas emociones, James descubrió que estar presente para dirigir temporalmente el departamento ayudaría a reducir la incertidumbre y el estrés. Lo explicó así:

> Sentí que tenía que inmiscuirme para ayudarles a superarlo, aunque no conociera la materia en cuestión. Tenía que darles consejo, asesoramiento e inspiración. Así que me instalé en una sala de conferencias y trabajamos juntos. «El trabajo que haya que realizar, las tareas que tengamos que hacer, las haremos juntos. No dejaremos nada atrás». Mi intención era asegurarles que seríamos capaces de superar aquella situación.

James también reconoció que, para ello, resultó decisivo observar sus propias emociones y no permitir que los demás descubrieran su ansiedad ante la situación:

> No puedes dejar que los demás te vean sudar [...]. Si perciben mi pánico, mi estrés o mi angustia, jamás sentirán que son capaces de salir adelante. Si yo hubiera llegado allí aterrado y abrumado, habría reforzado el miedo de los demás. Habrían pensado: «¡Oh, dios mío, este tipo es el jefe del jefe; y llega aquí y no nos ayuda! ¡Tenemos un grave problema!». Así que sentí que tenía que demostrarles que, aunque no fuera la situación ideal, creía que estábamos a la altura.

Al comprender que su propia conducta podría influir en los otros, James pudo guiar con éxito al equipo hasta la culminación del proyecto.[64]

Estrategia 3.
Considera hasta qué punto tu propia conducta influye en las emociones de los demás

---

Las emociones y acciones de un líder influyen en los demás constantemente y de muchas formas. Por ejemplo, imaginemos a un directivo que presenta un plan a sus subordinados durante una reunión. Quiere un *feedback* honesto, y así lo pide. Sin embargo, si recibir un *feedback* negativo le provoca ansiedad, es probable que sus subordinados capten ese sentimiento y se contengan o censuren su opinión.

La ira en un líder es susceptible de inhibir la comunicación en mayor medida que la ansiedad. Cynthia, CEO de una gran empresa de ingeniería, describió lo que pasaba cuando su antiguo CEO estaba de mal humor:

> Cuando tenía un mal día, definitivamente, lo sabíamos, y afectaba a todo el mundo. Si no le gustaba algo que alguien decía, te humillaba. Y aunque a él le daba igual y seguía adelante pasados cinco minutos, el resto del grupo no era capaz. Así que los demás intentábamos evaluar su estado emocional antes de compartir información con él, y eso no era bueno. Si un empleado tiene un problema y necesita tu ayuda, pero no puede contártelo como debería, cuando llegue a tu conocimiento será un problema mucho más grave.

A continuación, Cynthia describió cómo reaccionaba el CEO cuando algo iba mal:

> Si algo iba mal, abandonaba su estado de ánimo, cualquiera que este fuese, y espetaba: «¿Qué es lo que has hecho mal?». Ya sabes, un cliente llama por un problema y, en la mente del CEO, automáticamente es el empleado el que se ha equivocado [...]. En tanto líder hay que ser más sensible a la hora de abordar el problema con el empleado. Aunque el trabajador se haya equivocado, ¿prefieres dejarlo deprimido, o que aprenda de la experiencia y siga adelante?

Cuando los líderes se enfadan, tienden a disuadir a sus subordinados de compartir información valiosa con ellos. Y si la comunicación de los líderes es incompleta o distorsionada, corren el riesgo de tomar malas decisiones. ¿El resultado? Los pequeños problemas acaban siendo grandes.

Muchos líderes reconocen la importancia de mantener abiertos los canales de comunicación y quieren que sus empleados se sientan libres de compartir ideas con ellos. Como Robin Domeniconi, vicepresidenta senior y jefa de marca para el Grupo Elle, le dijo a un periodista: «Quiero que me contradigan. Quiero animar el debate para llegar a la decisión correcta».[65] Y Amy Gutmann, rectora de la Universidad de Pennsylvania, le dijo al mismo periodista: «Es importante recibir *feedback* y ser receptiva a ideas locas y salvajes, aunque solo se adopten un pequeño porcentaje de estas».[66]

Durante muchas décadas, la sabiduría convencional decía que las emociones no tenían lugar en el mundo laboral, y que el líder ideal era aquel que se mostraba racional y desprovisto de sentimientos.[67] Sin embargo, la realidad es que la emoción es inevitable cuando un grupo de personas se reúne durante un largo periodo de tiempo para trabajar en tareas que suponen un reto; si se utilizan con eficacia, el estado de ánimo y las emociones del líder suman en lugar de restar.

Utilizar el contagio emocional para influir en los demás

Los líderes excepcionales comprenden intuitivamente la investigación sobre el *contagio emocional* y cómo un líder puede utilizarlo para influir en el estado de ánimo y el rendimiento de un grupo.[68] Hace muchos años, uno de nosotros entrevistó a una directora de escuela pública extraordinariamente eficaz como parte de un estudio sobre el cambio educativo.[69] Su escuela estaba situada en un barrio pobre formado en su mayoría por familias procedentes de minorías desfavorecidas. Sin embargo, sus estudiantes eran excelentes, y ella había ganado muchos premios por sus logros como reformadora y líder educativa. En cierto momento de la entrevista, cuando intentaba describir las razones de su éxito, dijo que, con el paso de los años, había descubierto que los profesores y todo el personal podían percibir cómo se sentía tan pronto como entraba en el edificio cada mañana, y que esos sentimientos se extendían por la escuela como si de un incendio se tratara. Por lo tanto, cada mañana, al llegar al centro, aparca el coche y se detiene un momento para comprobar sus emociones antes de entrar en el edificio. Si no se encuentra bien, se concentra en cambiar de estado de ánimo y no entra en el centro antes de que el inicio de la jornada le inspire entusiasmo y alegría.

Muchos de los líderes de nuestro estudio también comprendieron que sus emociones podían influir en los grupos de diverso modo y recurrieron a este conocimiento para comprometer y motivar a los miembros de sus equipos. Como jefe de distrito de la agencia de servicios sociales de protección a la infancia del estado, Clarence era especialmente consciente de cómo sus sentimientos y acciones influían en su equipo. Una mañana se levantó y, como era su costumbre, puso las noticias mientras se preparaba para ir al trabajo. Lo que vio le hizo estremecerse. Por la pantalla desfilaban aterradoras imágenes y palabras sobre una madre que, pocas horas antes, había asesinado a su hija de dos años y se había suicidado, dejando huérfanos al resto de sus hijos. Lo más perturbador de la noticia es que algunos empleados de su oficina habían trabajado con la madre y pensaban que estaba mejorando.

De inmediato, Clarence comprendió la dimensión del reto emocional que afrontaban sus empleados. Tal como lo explicó, «para muchas personas en la agencia, este caso nos tocaba de cerca no solo porque fue uno de los más horribles ejemplos de abuso infantil que la agencia había conocido, sino también un *shock* absoluto, porque

madre e hija habían experimentado un progreso sostenido». Clarence pasó a hablar de la responsabilidad que sentía por su personal.
Apoyándose en su comprensión de que sus propios sentimientos y
acciones les afectarían, creía que era importante «comprobar primero sus emociones». Según sus palabras: «Me puse en modo jefe.
¿Mis propias emociones? Tendría que ocuparme de ellas más tarde.
Mientras estuviera allí, era mi deber asegurar a mis empleados que
íbamos a superar aquello». Clarence se vistió y fue a la oficina tan
pronto como pudo. En cuanto llegó, ya tenía un detallado plan de
acción, en su mayor parte centrado en ayudar a sus empleados con
sus emociones en las próximas semanas. Clarence era un líder so-
bresaliente en parte porque comprendía que sus propias acciones y
sentimientos influirían en quienes trabajaban con él, y utilizó esta
comprensión para guiar sus actos en tanto líder.

Otros muchos líderes expresaron lo importante que para ellos era
«no perder el control» en situaciones difíciles. Tom, ejecutivo de una
empresa siderúrgica, dijo: «He aprendido que, como líder, no puedes reaccionar visceralmente a todo cuanto sucede, porque asustas
a la gente». Y Karen, gerente en el sector de alimentación que quiso
«estrangular» a un empleado tras descubrir que este había acusado
injustamente a la empresa de violar las regulaciones federales en
materia de sanidad y seguridad, dijo que había aprendido que fue
«del todo inapropiado actuar irritada, enfadada o frustrada, porque
así no iba a ser capaz de afrontar constructivamente el problema».

Sin embargo, aunque los líderes han aprendido que necesitan
permanecer «serenos» ante la adversidad, también reconocían que
luchar para conseguirlo presentaba una trampa potencial. Si aparecen
serenos todo el tiempo, no podrán expresar adecuadamente empatía
y apoyar a los demás. Sondra, otra gestora de distrito de la agencia

de servicios de protección a la infancia del estado, fue especialmente elocuente en este dilema. Dijo: «A veces tienes la tentación de desmoronarte y echarte a llorar. Lo que a veces escuchamos es tan *horrible* […]. Es decir, hay algunos casos en los que, realmente, ya sabes… no hay palabras». A continuación, habló de la necesidad de controlar esas emociones sin perder la propia humanidad:

> No es que no seas emotivo. Tienes que tener un cierto nivel de empatía para trabajar con las familias, y eso es algo que no quieres perder; si lo pierdes, te transformas en un robot y pierdes tu sentido de la humanidad. Pero, del mismo modo, tienes que equilibrar eso porque, al final del día, la gente te pide que los conduzcas a través del campo de batalla. Y no puedes ser quien caiga abatido y llore en mitad de esa guerra.

Como los otros líderes que entrevistamos, Sondra comprendió que habitualmente necesitaba comprobar sus propios sentimientos para ayudar a su equipo a afrontar las crisis que a menudo les sobrevenían. Sin embargo, también sabía que emociones como la compasión y el cuidado a los otros tenían que expresarse durante estos incidentes.[70] Un exceso o una escasez de empatía no eran buenos ni para ella ni para la organización. Aunque era necesario ser receptivos a las emociones perturbadoras, los líderes de este estudio sabían que no había que dejarse arrastrar por ellas. Al crear una distancia saludable, se encontraban en una mejor posición para utilizar sus habilidades emocionales y cognitivas a la hora de afrontar los retos que se interponían en su camino. Su comprensión de cómo sus propias emociones influían en los demás hizo que estos líderes reconocieran que tenían que equilibrar el desapego con el interés.[71]

Desactivar las emociones perturbadoras en otros reconociendo sus sentimientos

Los líderes recurrieron a su comprensión de que sus acciones influían en las emociones de los demás de muchas otras formas. Martha aprendió que reconocer los sentimientos de las personas con las que uno entra en conflicto contribuye a disipar las emociones negativas y lleva a una resolución satisfactoria, así como a mejorar las relaciones. Utilizó este conocimiento para resolver conflictos con la directora musical en la iglesia, espacio que compartía su programa para los niños: cuando la directora musical reprendía a Marta por cuestiones conflictivas, ella no mostraba su desacuerdo; en cambio, simpatizaba con el malestar. Como explicó Martha: «Así se descarga la energía, y ella no necesita estar tan a la defensiva y lista para la bronca, porque yo no opongo resistencia». Martha también señaló que también manifestaba su acuerdo con la directora musical cuando era posible. Sin embargo, subrayó que solo actuaba si estaba realmente en sintonía. Buscar un terreno común y ponerlo en valor no implicaba que Martha dejara de centrarse en el curso de acción que consideraba necesario.[72]

Reconocer los sentimientos de los demás, así como experimentar nuestras propias emociones clara y eficazmente, puede ser más difícil cuando utilizamos el correo electrónico. Muchos de nosotros dependemos del correo para comunicarnos con otros en el trabajo, pero los líderes de nuestro estudio eran conscientes de que, a veces, este medio tiene un indeseable impacto emocional. Amy, directora de un centro preescolar, descubrió que no solía ser prudente utilizar el correo electrónico para comunicarse con los padres acerca de un asunto sensible. Tal como explica, «si es una cuestión de currículum, o de lo que vamos a hacer mañana, el *e-mail* es genial, pero no cuando hablas de un alumno y abordas un tema difícil. Cuanto más te alejas del contacto personal, mayores son las posibilidades de un malentendido».

Los símbolos y acciones pueden ser más poderosos que las palabras

La historia ofrece muchos ejemplos dramáticos de cómo los líderes han utilizado actos simbólicos para influir en los demás a través de canales emocionales. Uno de nuestros favoritos es la forma en que George Washington evitó la rebelión de algunos altos oficiales del Ejército Continental durante la Revolución de Estados Unidos. Los oficiales estaban enfadados porque el Congreso dio marcha atrás en su promesa de ofrecer paga y pensiones a los soldados. Después de varias peticiones al Congreso, todas rechazadas, los oficiales se reunieron en secreto para planear una rebelión. Washington oyó hablar de ello y «cuando empezó la reunión de aproximadamente 500 oficiales, entró en el salón y pidió permiso para hablar». Explicó por qué la rebelión era imprudente. Luego sacó una carta de un miembro afín del Congreso y empezó a leerla. Tras atascarse con algunas palabras, Washington dejó de leer y sacó un par de gafas. Sus hombres nunca le habían visto llevarlas. Se las puso y dijo: «Caballeros, debéis perdonarme, porque no solo me he han salido canas, sino que me he quedado ciego en el servicio a mi país». Según un relato, «los oficiales se quedaron estupefactos. Algunos lloraban abiertamente. Su espíritu rebelde dio paso inmediatamente al afecto por su comandante». Tras concluir la carta y decir unas palabras acerca de la «paciente virtud» de los hombres y el «glorioso ejemplo que habéis mostrado a la humanidad», Washington abandonó el salón. Enseguida, los oficiales adoptaron una resolución en la que le agradecían sus palabras y confirmaban su fe en el Congreso.[73]

No sabemos si las gafas de Washington formaban parte de una estrategia calculada; sin embargo, nunca antes las había llevado delante de sus hombres, y las sacó para leer la carta después de que sus observaciones preliminares no lograran disuadir a los airados oficiales. (También es interesante que eligiera leer una carta de un miembro del Congreso que simpatizaba con los soldados; un movimiento emocionalmente inteligente por su parte. Sin duda, esto contribuyó a que los soldados reconsideraran su enfado y no creyeran que todo el Congreso estaba contra ellos). En todo caso, la acción, que simbolizaba el propio e inquebrantable compromiso de Washington con la causa, alteró sobremanera el estado de ánimo del grupo. Se evitó la rebelión. Seis meses más tarde se firmó el tratado con Gran Bretaña, que ponía fin a la guerra y reconocía a Estados Unidos como un país independiente.

Muchos de los líderes de nuestro estudio utilizaron acciones simbólicas para influir en otros. Aaron, por ejemplo, mencionó que recientemente acudió al velatorio por la esposa de un antiguo empleado. Era incómodo, requería una considerable cantidad de tiempo y no tenía por qué hacerlo. Pero Aaron comprendió el orgullo que el empleado sentiría si el líder de la empresa acudía al evento: «Estaba orgulloso. Para él esto significaba que era importante para la empresa. ¡Algo maravilloso!». En parte, Aaron era un líder eficaz porque comprendía que estos pequeños gestos influían en la visión que los empleados tenían de la empresa. Enviaban el mensaje de que este líder, y esta compañía, se preocupaban por la gente que trabajaba a pie de obra.

Conclusión

Comprender las causas y efectos de las emociones es una habilidad básica de inteligencia emocional que puede ser utilizada de muchas formas. Los líderes que participaron en nuestro estudio recurrieron a ella para anticipar cómo sus sentimientos y acciones podrían impactar en los demás. Se convirtió en una estrategia a la que recurrieron a menudo y con grandes beneficios. El Cuadro 3.1 resume las ideas de los líderes sobre el impacto de sus emociones en los demás.

Cuadro 3.1. Ideas de los líderes en relación con cómo sus sentimientos y acciones influyen en las emociones de los demás

1. Si el líder «se extravía», los demás también lo harán.
2. Los sentimientos positivos de un líder pueden contribuir a establecer un tono positivo en un grupo o una unidad organizativa más grande.
3. La apertura del líder al expresar sus sentimientos aumentará la lealtad y el compromiso de los demás.
4. La presencia física del líder durante una crisis puede ayudar a calmar a otros.
5. Reunir a la gente para hablar de «buenas noticias» levantará el ánimo de todos.
6. Las acciones simbólicas refuerzan la lealtad y el compromiso de los otros.

7. Estar de acuerdo con la otra persona en una situación conflictiva contribuye a desactivar los sentimientos negativos y facilita el acuerdo.

8. Los mensajes de *e-mail* no son una buena forma de comunicar información con una fuerte carga emocional.

9. Los individuos pueden diferir en su reacción emocional a las acciones del líder.

Actividad 3.1.

Ser más conscientes de nuestro impacto en los demás

No suele ser fácil ser conscientes del impacto emocional que tenemos en los otros. Una forma de conseguirlo consiste en observar el efecto que los demás tienen en nosotros. El siguiente ejercicio está concebido para ayudarnos a ser más conscientes del efecto positivo o negativo que ejerce sobre nosotros la conducta de los demás.

Instrucciones

1. Piensa en un momento en el que experimentaste la influencia negativa de una persona durante una interacción.
   - ¿Qué hizo o dijo la persona y qué te influyó negativamente? (Por ejemplo, ¿fue algo que la persona dijo o no dijo? ¿Fue su lenguaje corporal? ¿El tono de la voz?).
   - ¿Qué impacto tuvo? ¿En ti? ¿En los demás?
   - ¿Cómo respondiste?
   - ¿Qué factores pudieron influir en la situación?
   - Si pudieras intercambiar tu lugar con la persona que ejerció la influencia negativa, ¿qué habrías hecho de otra forma?

2. Piensa ahora en un momento en el que experimentaste la influencia positiva de una persona durante una interacción.

- ¿Qué hizo o dijo la persona y qué te influyó positivamente?
- ¿Qué impacto tuvo? ¿En ti? ¿En los demás?
- ¿Cómo respondiste?
- ¿Qué factores pudieron haber influido en la situación?
- Si pudieras intercambiar tu lugar con la persona que ejerció la influencia positiva, ¿hay algo que harías de otra forma?

Actividad 3.2.
Un experimento sobre lo positivo

En este ejercicio harás un pequeño experimento contigo mismo. A lo largo de este capítulo hemos leído acerca de líderes, como James y Clarence, que sabían que permanecer positivos y solidarios incluso en la adversidad era el camino para mantener una actitud productiva y positiva en los demás. Como las emociones son contagiosas, el objetivo de este experimento consiste en descubrir si eres capaz de «infectar» a otros con un estado de ánimo positivo cuando tú mismo llevas a cabo una acción positiva. Por supuesto, no necesitas una situación adversa para este experimento. Puedes cultivar una actitud positiva de forma modesta y al margen de las circunstancias. ¡Tampoco hace falta que tu persona se transforme por completo! Más bien es la oportunidad de intentar algo nuevo –relevante o minúsculo– que influya en la gente de forma positiva. Y no te preocupes si las cosas no transcurren como habías pensado. Sé consciente de lo que sucede, toma nota mentalmente y experimenta probando con otra cosa.

Instrucciones

1. Apunta varias ideas que te permitan adoptar un tono más positivo. Una forma de encontrar ideas consiste en pensar en qué te motivaría y alentaría si estuvieras en la piel de otra persona. Algunas ideas: saludar a los demás de otra forma, contar una historia graciosa, sonreír, llevar comida para compartir, tranquilizar a alguien, agradecer la contribución de los demás, o esforzarse por saludar personalmente o visitar a los demás. Prueba libremente alguna de estas ideas o inventa las tuyas propias.

2. Elige una idea que te resulte cómoda y factible y ponla en práctica. (Recuerda que puede ser un pequeño gesto).

3. Registra tus hallazgos. Debes estar preparado para tomar nota: ¿Cómo ha respondido la gente a la puesta en práctica de tu idea? Sé consciente de tu propia respuesta. ¿La actitud más positiva te ha resultado fácil o difícil? ¿Por qué?

4. Si tuvieras que repetir el experimento, ¿qué harías de un modo diferente?

4. ¿Cómo lo viven los demás?

Otra forma de utilizar la inteligencia emocional por parte de los líderes consistía en ponerse en la piel de los otros.[74] Esta estrategia no solo les ayudó a empatizar con ellos, sino que también aportó una perspectiva diferente sobre la situación, lo que a menudo desembocó en un mejor análisis y en una acción más eficaz.

Estrategia 4.
Ponte en la piel de los otros

Como directora de un centro de preescolar, Amy cree que ponerse en la piel de los padres es esencial cuando toca mantener una conversación difícil con ellos. Ella comprende que, cuando los padres vienen a hablar de los problemas de sus hijos pequeños, a menudo se muestran ansiosos y, a veces, están irritados. Y la propia ansiedad, frustración e irritación de Amy, desde el punto de vista de la escuela, puede hacer que sea especialmente difícil empatizar con los padres en esas situaciones. Sin embargo, al ponerse en el lugar de los progenitores es capaz de apreciar mejor su perspectiva, lo que la ayuda a gestionar sus emociones, aporta una serenidad empática a los padres y, en última instancia, el niño obtiene mejores resultados. Esto ayuda a Amy a comprender no solo cómo se sienten, sino también *por qué* se sienten así. Como señala en nuestra entrevista, «para la gente no hay nada más importante que sus hijos, por lo que resulta muy muy difícil ser objetivos. No importa si tienes razón, porque es una emoción totalmente subjetiva la que te hace querer proteger a tu hijo o hija».

Una de las estrategias de Amy para ponerse en la piel de los padres era usar su propia experiencia como madre: «Creo que me he relacionado con los padres a través de mi papel como progenitora [...]. Soy madre. Sé lo que es tener un hijo pequeño. Recuerdo cuando me llamaban de la escuela para hablar de mi hija, y la sensación que se apoderaba de mí [...]. Por lo que siempre me pregunto: "¿Cómo me sentiría en su situación?"». Amy también recurre al juego de roles para obtener una mejor perspectiva, en especial cuando se prepara para una reunión en la que hay que abordar los problemas de un niño. Establece el juego de roles planteando preguntas para ayudarse a sí misma y a los profesores a comprender mejor el punto de vista de los padres: «Le pregunto al profesor: "Vamos a probar esto. ¿Cómo crees que responderán? ¿Cuáles son las posibilidades?"». Luego, Amy añadió: «Todos somos padres, así que somos sensibles al hecho de que estamos arrojando una bomba a esta gente, que no quiere ver que hay un problema».[75]

Son muchos los factores que hacen de Amy una líder destacada, pero su capacidad para ponerse en el lugar del otro es especialmente importante. La ha ayudado a cultivar un marco mental más sensitivo y desprovisto de juicio, que a su vez ha ayudado a padres, profesores y otras personas clave en la vida del niño a comprender que quizás existe algún problema que no han sido capaces de, o no han querido, ver. El resultado: el conflicto destructivo es sustituido por una resolución de problemas constructiva.[76]

Ponerse en la piel del otro al visitar
su entorno laboral

Sondra, gestora de distrito de una agencia de servicios de protección, usa un método diferente:

> En este caso particular, nos encontramos con la muerte de un bebé. Todo empezó como un caso de nivel bajo: la familia necesitaba electricidad y una empleada fue a echar un vistazo. Dos semanas más tarde, se halló a un bebé muerto en la casa. Cuando la empleada visitó el hogar, no bajó al sótano, donde había una cuna y otro bebé [...]. Así que, cuando el caso estuvo listo para revisión, la gente quiso saber por qué la empleada no lo sabía.

Algunos supervisores habrían tratado con dureza a esta empleada. En efecto, esta sería la actitud de los jefes de Sondra, junto a los funcionarios, los medios de comunicación y el público. En este tipo de casos, hay una fuerte tendencia a culpar al empleado, despedirlo y cerrar el caso. Sin embargo, antes de la audiencia, Sondra decidió visitar la casa para comprender mejor por qué la empleada actuó tal como lo hizo. «Y al examinar la casa descubrí que era muy difícil darse cuenta de que tenía un sótano». Sondra continuó así:

> Si alguien te cuenta la historia, piensas: «¿Por qué no se hicieron las cosas bien?». Pero al visitar la casa y descubrir lo que la empleada pudo ver o no ver, tu horizonte de comprensión se ensancha. Y así es como fui capaz de describir lo que sucedió, en la audiencia, con más empatía, en términos de lo que experimentó la empleada. Y así entendieron por qué no bajó al sótano.

Ponerse físicamente en el mismo escenario ayudó a Sondra a comprender mejor las impresiones de la empleada, pero otros supervisores podrían haber visitado la casa sin cambiar su opinión sobre la trabajadora. Podrían haber localizado la puerta del sótano y haber pensado: «Bueno, veo la puerta claramente. ¿Por qué la empleada no la vio?». Sin embargo, una perspectiva dotada de una mayor inteligencia emocional admitirá que es más fácil detectar señales de la presencia de un sótano si sabemos que esta habitación existe. Cuando Sondra visitó la casa, sabía que tenía sótano, pero se dio cuenta de que no era fácil que la empleada lo detectara si no sabía que había uno.

La capacidad de Sondra para ponerse en la piel de los demás no solo la ayudó a ella y a la junta supervisora a considerar a la empleada con más simpatía; también les ayudó a tomar una decisión mejor. La forma en que ella manejó la situación también ayudó al resto de los empleados a sentirse más respaldados, lo que contribuyó a mejorar la moral del equipo y a consolidar la relación entre este y la administración. Ponerse en el lugar de la empleada también ofreció a Sondra la oportunidad de demostrar a sus trabajadores que estaba dispuesta a batirse por ellos.

La investigación confirma que somos más empáticos y solidarios con los demás cuando somos conscientes de sus experiencias. En un estudio, los investigadores pidieron a estudiantes universitarios que escribieran sobre alguna experiencia propia o de algún conocido.[77] A continuación, los alumnos tenían que imaginar que estaban a cargo de un gran evento deportivo y que tenían que tomar una serie de decisiones relevantes al respecto. Por último, los estudiantes completaron un breve cuestionario que evaluaba su nivel de preocupación por los demás en el evento deportivo. Entre los diversos puntos, podía leerse

«A veces pienso en cómo mis decisiones influyen en otros», «Necesito ocuparme de las necesidades de los demás» y «Me preocupa el bienestar de las otras personas». Los investigadores descubrieron que los estudiantes que habían escrito sobre las experiencias de otros antes de completar la tarea de liderazgo estaban más preocupados por las personas implicadas en la tarea. El estudio sugirió que, cuando los líderes se ponían a sí mismos en la piel de los demás, se volvían más sensitivos y atentos.

Ahorrar una grave crisis de moral a la empresa

Jonathan, vicepresidente senior de Recursos Humanos en una gran empresa de suministros médicos, ayudó a su compañía a evitar un costoso conflicto de gestión laboral adoptando activamente la perspectiva de los empleados rasos. El escenario quedó establecido cuando el equipo directivo senior definió las metas y objetivos para el año: «Propusimos unos objetivos y comunicamos a nuestra junta y a nuestros inversores un plan muy muy *muy* ambicioso. Nuestras primas estaban vinculadas al plan; y a medida que avanzaba el año, empezó a ser evidente que no había ni la más remota posibilidad de alcanzar esas metas».

Como resultado de este error, ninguno de los empleados recibiría primas al final del año. Jonathan se dio cuenta de que este resultado tendría un impacto devastador en la moral. Las relaciones entre la dirección y los trabajadores sufrirían porque estos últimos iban a pagar por un error cometido por los jefes.

Por lo tanto, Jonathan y otros miembros del equipo directivo acudieron a la junta y dijeron: «Nuestros empleados se están rompiendo el espinazo para alcanzar unos resultados respetables y no queremos que se les niegue una prima si no alcanzamos nuestros objetivos este año. Somos nosotros quienes fijamos las metas, no los empleados que trabajan duro para conseguirlas». Pidieron a la junta que congelara la prima para la dirección, pero garantizara una pequeña cantidad para el resto de los empleados.

Todos los profesionales de Recursos Humanos deberían tener en cuenta la moral del empleado cuando se plantean este tipo de compensaciones, pero no todos actúan así. Las acciones de Jonathan destacan no solo porque fue capaz de empatizar con los empleados, sino porque pudo hacerlo en una situación donde podría haberse distraído o haber ignorado fácilmente los sentimientos de los empleados.

La investigación confirma que las personas aprecian que sus jefes tengan en consideración sus emociones y necesidades. Un estudio descubrió lo que sucedía cuando un grupo de empleados sufría un gran cambio organizativo. Los investigadores vieron que muchos de los trabajadores «apreciaban que sus líderes comprendieran cómo se sentían respecto al cambio, y que este apoyo les daba fuerzas para afrontar las exigencias emocionales de los procesos y consecuencias del cambio. Como resultado, evaluaban el cambio de forma más favorable». Por ejemplo, cuando los líderes reconocían los sentimientos de sus trabajadores de forma consistente, esto reforzaba las buenas relaciones. Tanto si esto redundaba en un mayor compromiso con la organización, el reconocimiento de las emociones por parte de los líderes ayudaba a los trabajadores a aceptar las repercusiones negativas y los procesos difíciles asociados con el cambio. Los trabajadores cuyos sentimientos no eran apoyados o reconocidos por sus jefes tenían más probabilidades de padecer angustia o alienación durante el proceso de cambio. Para algunos, era la gota que colmaba el vaso en su decisión de abandonar la organización. Sin embargo, el cambio en las empresas era considerado de forma más favorable por parte de los empleados si sus emociones eran tenidas en cuenta y no ignoradas por sus jefes.[78]

¿Qué ayuda realmente a los líderes a descubrir la perspectiva de los demás?

Ponerse en la piel del otro es un hábito de pensamiento que los líderes –incluso aquellos con un alto grado de inteligencia emocional– suelen necesitar aprender. Lisa Price, fundadora y presidenta de Carol's Daughter, una firma de cosméticos, explicó que le resultó difícil llegar a ser una líder eficaz porque al principio no se ponía en el lugar de los otros.[79] Dijo que, en cuanto la nombraron jefa, «fue necesario aprender que los demás no eran como yo». Por ejemplo, aunque ella prefería un alto grado de autonomía para sí misma, y así trabajaba eficazmente, algunos de sus empleados, no. Cuando empezó a imponer más límites y a dirigir a esos subordinados, descubrió que no les importaba. De hecho, respondieron positivamente. Constató entonces que buena parte de su preocupación por ser más dominante se debía a ella, no a ellos. Según explicó: «Tuve que aceptar que yo era la que se sentía más incómoda». Fue una dura lección, pero ayudó a Lisa a ponerse en la piel de los demás.

Otros líderes también aprendieron esto como resultado de experiencias en una fase temprana de sus carreras. Michael, presidente de una multimillonaria empresa agrícola global, habló del esfuerzo que las conferencias telefónicas le suponían, en una primera fase de su carrera, cuando vivía en otro país. En ese momento, vivía en

Asia, y la sede central estaba en Filadelfia: «La mayoría de nuestras llamadas tenían lugar en horario asiático nocturno, pero el personal de la oficina central lo olvidaba cuando yo estaba al teléfono». Esa antigua experiencia ayudó a Michael, cuando llegó a ser líder, a ser más sensible a la zona horaria de la gente. Al crear equipos virtuales, tanto en casa como en el extranjero, organiza las conferencias internacionales teniendo en cuenta los cambios de zona horaria de manera que quienes ya han trabajado una jornada completa no se vean sobrecargados con las llamadas.

Aunque a primera vista cambiar los horarios de una conferencia telefónica puede parecer poca cosa, Michael cree que «aporta beneficios» al crear una atmósfera de compromiso y buena voluntad. Los empleados captan el mensaje de que la gente de Norteamérica, que dirige la empresa, comprende y se preocupa por otras culturas representadas en el negocio. Los plazos son importantes. Los líderes como Michael comprenden que, ya que es más difícil conectar a nivel emocional con los empleados remotos, las conferencias organizadas en momentos inconvenientes pueden fácilmente generar resentimiento entre los miembros del equipo. Ser sensible a su propia experiencia de trabajo en el extranjero permitió a Michael prestar atención a los detalles aparentemente insignificantes pero relevantes a la hora de erigir una empresa de éxito global.

Cuando los líderes explican cómo se pusieron en la piel de los demás, descubrimos que a menudo han recurrido a cuatro técnicas específicas que todos pueden usar. En primer lugar, invocan su propia experiencia en roles y situaciones similares, como cuando Michael recordó la dureza de las conferencias internacionales; o como Amy, directora de un centro de preescolar, cuando se puso en el lugar de los padres pensando en su propia experiencia como madre. El juego de roles con los profesores fue un segundo método que Amy utilizó para anticipar mejor los sentimientos de los padres ante una reunión inminente con ellos. Una tercera técnica es la observación sobre el terreno, que Sondra utilizó al visitar la casa inspeccionada por una de sus empleadas para entender mejor su punto de vista y explicar por qué no había detectado un indicio importante.

Por último, a menudo los líderes consideraban más fácil asumir el punto de vista de los demás considerando sus roles, estatus y el grupo al que pertenecían en el seno de la organización. Cuando Diane, una nueva empleada a cargo de la formación en liderazgo en una gran empresa, propuso que la compañía consolidara este tipo de formación en una única entidad, identificó a las partes interesadas e intentó anticipar sus reacciones. Determinó que, en concreto, un ejecutivo senior, cuyo apoyo era vital, no se mostraría entusiasta debido al efecto que ello tendría en su capacidad para influir en la formación que recibían sus subordinados. Ella también entendió que ir en contra de alguien con una influencia tan grande en la empresa era una garantía de desastre. Al ponerse en su lugar, pudo «meterse en su cabeza» y considerar cuestiones como «¿Qué es importante para él? ¿Qué tipo de cosas le provocan rechazo y cuáles le apasionan?». Así, fue capaz de desarrollar una comprensión empática del ejecutivo y utilizarla a la hora de diseñar un envoltorio atractivo para la nueva idea. Aunque en un principio él se opuso a la propuesta y planteó muchas objeciones, acabó por apoyarla. La valoración que Diane realizó de su rol, estatus y grupo de pertenencia en el seno de la empresa la ayudó a determinar qué le haría más atractiva la idea.

Conclusión

Los líderes de nuestro estudio a menudo utilizaron su inteligencia emocional para comprender mejor no solo cómo se siente la gente, sino también *por qué* se siente así. Tanto si se enfrentaban a un padre iracundo, a un empleado desencantado o a un inversor potencial y relevante pero reacio, los líderes recurrían a la estrategia de «ponerse en la piel del otro» para entender mejor por qué los demás se sentían así. Esta estrategia contribuyó a desarrollar su empatía, lo que contribuyó a la mejora de las relaciones; pero también supuso una mejora del análisis y las acciones emprendidas.

Actividad 4.1.
El arte de expresar empatía

La empatía se puede comunicar a través de pequeños gestos no solo en cómo estuchamos, sino también en lo que decimos y las preguntas que hacemos. Sin embargo, al intentar ser empáticos es habitual que comuniquemos nuestra propia opinión o consejo, que puede hacer que el receptor se sienta molesto o incomprendido. El arte de ser empático en tanto líder consiste en comunicar una sensación de apertura y predisposición a descubrir «por qué» la gente se siente así, algo en lo que los líderes de nuestro estudio fueron muy eficaces. A veces, esto es todo lo que la otra persona necesita para encontrar la dirección correcta e ir más allá de un punto muerto.

El siguiente ejercicio se puede hacer con una persona con la que disfrutas trabajando y que desea experimentar nuevas ideas. El objetivo de esta actividad es la práctica de «ponerse en la piel del otro». Implica preguntar y escuchar a tu compañero, describir una experiencia y a continuación resumir lo que has oído. Recuerda que estás intentando sentir y experimentar la situación a través de los ojos de la otra persona, no de los tuyos. Las siguientes instrucciones incluyen algunas preguntas clave y frases que podrían ser útiles durante la conversación.

Instrucciones

1. Pide a tu compañero que describa algo que sucedió en el trabajo (o en casa) y que le hizo sentir de una forma particular.

2. Durante la conversación, intenta concentrarte en lo que la otra persona está diciendo. Utiliza una de las siguientes preguntas/frases clave como indicios para conocer mejor su experiencia.
   - Me pregunto qué ha significado para ti.
   - Cuéntame más.
   - Me interesa saber qué estabas haciendo cuando eso sucedió.
   - ¿Qué piensas (o pensaste) al respecto?
   - ¿Qué es lo que un observador ajeno desconoce de la situación?
   - ¿Cuál es tu perspectiva sobre ello?
   - ¿Qué más puedes contarme?
   - Entiendo lo que me dices.

3. Como el objetivo es prestar atención y escuchar realmente, procura no tomar notas.

4. En cuanto la otra persona termine de describir su experiencia, coméntale por qué crees que se sentía así. Puedes empezar diciendo: «Esto es lo que te he escuchado decir. Dime si me equivoco en algún punto».

5. Mientras recreas el relato ante tu compañero, deja que la conversación fluya. Pide a la otra persona que aclare cualquier parte de la historia que hayas malinterpretado o esté incompleta.

6. En cuanto acabéis, comentad lo que esta experiencia ha significado para los dos. (Este es un buen momento para anotar tus intuiciones).

7. Repite este ejercicio otras dos veces con la misma persona o alguien diferente.

5. ¿Qué nos dicen esos sentimientos?

Imagina que un gerente se reúne con un empleado que suele llegar tarde por la mañana. Mientras atiende a lo que el trabajador tiene que decir, el gerente intenta comprender mejor lo que motiva la conducta del empleado por medio de la activación de la *dinámica emocional*. Esta dinámica podría tener mucho que ver con que el empleado llegue tarde. Por ejemplo, tal vez le preocupan problemas familiares que consumen su tiempo. O tal vez sea una cuestión de valores: trabaja para vivir, no vive para trabajar. Otra posibilidad es que, en el seno del grupo, haya conflictos interpersonales que limiten la motivación y el compromiso del empleado. Los compromisos rivales, como problemas familiares, valores personales y conflictos interpersonales, son tres factores subyacentes que pueden influir en las emociones y en la conducta de una persona en el lugar de trabajo.

Solemos pensar en la resolución de problemas como en un proceso puramente cognitivo y analítico; sin embargo, ¿y si la dinámica subyacente de un problema incluye un componente emocional? En ese caso, la capacidad de un individuo de comprender las emociones y cómo operan será especialmente útil para descubrir lo que ha pasado. Los líderes de nuestro estudio recurrieron de manera habitual a su comprensión de las emociones para ayudarles a descubrir la dinámica de un problema u oportunidad.[80]

Estrategia 5.

Descifra la dinámica emocional subyacente en una situación

Los investigadores David Caruso y Peter Salovey ofrecieron un buen ejemplo de cómo esta estrategia puede ayudar a los líderes a abordar problemas críticos.[81] Un grupo de empleados de una empresa de servicios financieros sufrió una gran caída de la productividad y de la moral después de trasladarse a un nuevo lugar, lejos de muchos de sus colegas. La dirección intentó afrontar muchas de las causas potenciales, como el aire acondicionado defectuoso o los nuevos procesos, sin resultados. Por último, un líder emocionalmente astuto determinó que la causa subyacente tuvo que ver con la pérdida de conexión del grupo con los empleados que se quedaron en la antigua ubicación. A partir de esa constatación, la dirección fue capaz de mitigar el problema, y la moral mejoró, junto a la productividad.

Descubrir cómo gestonar el «comité de los padres»

Muchos de los líderes de nuestro estudio emplearon su comprensión de las emociones para afrontar situaciones problemáticas. Amy, directora de un centro de preescolar en los suburbios, era uno de ellos. En una de las reuniones, tres de los padres expresaron su deseo de una «fiesta de graduación» al final de año para sus pequeños de cuatro años. A Amy no le entusiasmaba la idea: «Nunca habíamos celebrado una graduación, y a los profesores de los niños no les parecía buena idea porque los niños podrían sufrir ansiedad». El debate se alargó y al cabo de un tiempo se hizo acalorado. Como señaló

Amy: «Los padres… ¡eran muy empáticos! Afirmaban que otras escuelas lo hacían, y afirmaban: "¿Por qué nosotros no?"». Amy se sentía «cada vez más aislada y más a la defensiva». Quería consultar con el profesorado antes de tomar una decisión. Sin embargo, los padres eran incansables. Amy recordó: «Me forzaban a dar una respuesta, y yo me sentía más acalorada e incómoda. Al final le dije al presidente del comité: "Esto no lo podemos resolver hoy". Y así es como la reunión acabó con una nota estresante». Todos estaban molestos y nadie quedó satisfecho.

Después de la reunión, la representante del grupo de padres siguió a Amy fuera de la sala y se enfrentó a ella en el pasillo. «Me gritó, gritó muy fuerte y dijo: "¡Jamás nadie se ha atrevido a hablarme como has hecho tú hoy! ¿Cómo te atreves?"». Por suerte, Amy mantuvo la calma, lo que ayudó a que la madre se tranquilizara. Amy acabó la discusión con estas palabras: «Concertemos un nuevo encuentro, por ejemplo, el mismo día de la semana que viene. Me esforzaré por encontrar la forma de que esto no vuelva a suceder. Si se te ocurre algo, házmelo saber, porque es obvio que las dos queremos lo mismo». A continuación, Amy le dijo al entrevistador: «Lo dejamos de buenos modos. Me fui con la sensación de haber hecho lo correcto por la escuela».

Más tarde, cuando Amy pensó en lo que había pasado, descubrió que la estructura de la situación contribuyó a su reacción: cuando se es la única administradora en una reunión de padres y estos plantean sus demandas, lo más probable es que se sucumba a la ansiedad y se adopte una postura «extremadamente defensiva». Tal como ella misma explicó:

> Cuando dos o tres personas me hablan a la vez me siento acosada, como si me atacaran. No me gusta el formato […]. Puedes estar

hablando de forma constructiva, pero todo se deteriora rápidamente si tienes la impresión de que hay tres o cuatro personas que no están siendo razonables. Te sientes obligada a responder, ellos se ponen a la defensiva y, por último, te entran ganas de decir: «¡Olvidadlo!». Por eso creo que un administrador, como persona que está a cargo, tiene que ser muy precavido acerca del formato cuando se quiere dirigir a un grupo en concreto. Las intuiciones de Amy sobre la dinámica emocional produjeron muchos cambios constructivos en su forma de gestionar las futuras reuniones con el comité. Puso en práctica una versión modificada de *Robert's Rules of Order*, una guía publicada en 1876 para celebrar reuniones y tomar decisiones en grupo. Exigir que un miembro del grupo presente una moción formal y que otro «secunde» la moción antes de ser sometida a consideración para su votación es un ejemplo de las reglas incluidas en esta guía.

Amy también dispuso que la profesora principal acudiera a las reuniones para no tener que enfrentarse al grupo de padres ella sola. Y estableció la regla de que la agenda de una reunión debía serle entregada y debatida con ella por adelantado, con el fin de estar preparada para los diversos temas si estos se presentaban.

Amy gestionó esta situación con eficacia en parte porque había reflexionado sobre sus reacciones emocionales tras el encuentro inicial con los padres, que condujo a la percepción de cómo un cierto tipo de situación influía en sus emociones y en las de los demás. Utilizando su habilidad para empatizar, Amy pudo comprender cómo se sentían los padres al respecto, lo que la ayudó a sentirse más cercana, menos irritada y crítica con ellos. Sin embargo, también pudo dar un paso atrás y comprender sus propios sentimientos. Como muchos otros líderes que entrevistamos, ella era consciente de las cosas que le «tocaban la fibra», aquellas situaciones y conductas a las que era especialmente sensible. Y admitió que los padres tocaron una de sus «fibras sensibles» durante la reunión. Se dio cuenta de que, si la dejaban sola en una habitación con un grupo de padres molestos por alguna cuestión, su nivel de ansiedad hacía que su empatía y eficacia se deterioraran claramente.

La percepción de Amy sobre el contexto cultural que contribuía a la insistencia de los padres en relación con la «ceremonia» también le ayudó a superar la situación. Lo explicó así: «Afrontamos la sensación de culpa de los padres. Están las expectativas de que nuestros hijos vayan a la universidad y demás. Y los dos progenitores trabajan, por lo que están sometidos a mucha presión y estrés». Tratar con padres preocupados por que sus hijos pequeños muestren sus «logros» podría ser frustrante o irritante para Amy y su equipo, pero la capacidad de situar la conducta de los progenitores en un contexto más amplio y descubrir la influencia de los valores culturales ayudó a Amy y al profesorado a gestionar sus propias emociones. En concreto, produjo una mayor empatía, lo que en última instancia contribuyó a mejorar las relaciones y los resultados.

Cómo la comprensión de la dinámica emocional salvó la carrera de un líder

Yolanda, ejecutiva de alto nivel para un gran fabricante de ropa, estuvo a punto de ser despedida al inicio de su carrera. La salvó su capacidad de distanciarse de la situación y analizar lo que sucedía a un nivel emocional. El incidente empezó poco después de unirse a la empresa. Su jefa le pidió que la sustituyera en una reunión importante mientras ella estaba de viaje. Yolanda así lo hizo y creyó que todo había ido bien hasta el regreso de su superiora. Lo explicó así: «¡Me acusó de querer "robarle el trabajo"! Le molestó que yo hubiera participado en la reunión dando la impresión de que había tomado una decisión o algo así […]. Fue una conversación desconcertante. Pasó el tiempo y mi relación con ella tuvo dificultades. Yo no me sentía bien y mi espíritu era poco colaborador. Parecía que las dos nos evitábamos hasta cierto punto».

Por último, la jefa de Yolanda la convocó a una reunión. «Nos sentamos y me dijo: "Soy tu jefa. A ver si lo entiendes. Y si no puedes adaptarte, tal vez tu sitio no esté aquí. ¿Estás segura de que quieres quedarte?" […]. También se quejó de que yo no respondía a sus peticiones. Su lista de quejas era variada. La llevaba por escrito y estaba enfadada».

Yolanda salió muy perturbada de la reunión. «Después me pregunté: "¿Qué me ha pasado?". Estaba aturdida, completamente aturdida […]. Jamás me había pasado algo parecido, en toda mi vida. Estaba estupefacta». Después de «6 u 8 semanas de depresión y esfuerzo», Yolanda se dio cuenta de que tenía que hacer algunos cambios en su forma de relacionarse con su jefa. «Descubrí que tenía que modificar mi actitud si quería seguir trabajando allí. Y no quería irme, porque me gustaba el trabajo, la gente, el lugar… Así que, de algún modo, tenía que arreglármelas para trabajar con ella desde otras coordenadas».

Yolanda describió cómo recurrió a su habilidad para percibir y comprender las emociones con el fin de averiguar el problema latente y diseñar una estrategia. Descubrió que su jefa era «muy difícil de interpretar» y que, en ausencia de mensajes claros por su parte, Yolanda usaba su imaginación y establecía conjeturas a partir de sus propios sentimientos y deseos. El resultado eran malentendidos, confusión y una creciente desconfianza. Este análisis la ayudó a comprender que, para conservar su empleo, tenía que «encontrar la forma de aclarar las cosas a fin de comprender lo que la jefa necesita, qué desea y qué es lo que está pasando. Porque, de otro modo, me seguiré inventando las cosas, y entonces me equivocaré y estaré perdida... Así que aprendí a plantear más preguntas de forma respetuosa e intenté averiguar lo que pensaba». La estrategia de Yolanda funcionó. Ahora se lleva bien con su jefa, hasta el punto de decir: «¡Que Dios la bendiga! Ahora la respeto mucho [...]. Ha hecho un gran trabajo aquí. Y en realidad, en cierto nivel, me cae realmente bien». Y Yolanda ascendió en la escalera corporativa hasta una posición de alto nivel en la empresa.

Yolanda estaba convencida de que, de no haber descubierto por qué ella y su jefa no se llevaban bien, eso habría significado la pérdida del trabajo que amaba. También creía que este proceso de descubrimiento le había sido de una ayuda inconmensurable. Según sus palabras: «La experiencia me enseñó mucho, y aprender a trabajar con ella me hizo sentir bien». La experiencia de Yolanda aporta otro vívido ejemplo de cómo un líder afrontó con éxito un desafío crítico descifrando la dinámica emocional subyacente en una situación.

Descifrar la dinámica emocional al introducir cambios en una organización

Aunque algunos líderes describieron incidentes que suponían un conflicto con individuos, otros describieron su análisis de la dinámica emocional para planificar e implementar el cambio en grandes organizaciones. Bruce, inspector de un distrito escolar suburbano, habló de un cambio que tuvo lugar cuando él era director de un instituto de secundaria. Se había nombrado a un nuevo inspector que llegó con «un montón de buenas ideas, pero que entró como un elefante en una cacharrería». Por ejemplo, cambió repentinamente el calendario de las escuelas elementales, dos meses después de llegar al cargo, sin consultar con los directores ni otros empleados. Bruce observó hasta qué punto el cambio fue perturbador y los niveles de ira y confusión que generó, todo lo cual influyó de manera adversa en el proceso educativo y deterioró la relación entre el inspector y sus subordinados.

Bruce sabía que su escuela sería la siguiente. Por eso sugirió que el supervisor le permitiera a él encargarse de implementar los cambios. Bruce explicó que sería mejor así porque se había «granjeado la confianza del personal» desde hacía muchos años. Irritado por la resistencia y las turbulencias derivadas del cambio en las escuelas elementales, el inspector estuvo de acuerdo. Bruce aplicó un procedimiento completamente distinto durante los siguientes tres meses. Hizo muchas presentaciones a los profesores y les pidió su opinión. Creó grupos de profesores para que investigaran el nuevo sistema, y estableció «equipos de aplicación» para averiguar cómo el cuerpo docente podría aprovechar el tiempo extra en la clase. El resultado fue mucho más positivo que el intento previo. «Funcionó muy bien. No hubo malestar ni ningún retroceso… Y todo gracias al proceso: dar a la gente más tiempo, pedirles su opinión». Bruce reconoció que «no todo el mundo creía que fuera una buena idea», pero al final «lo aceptaron».

El planteamiento de Bruce tuvo éxito porque admitió que, si el proceso de cambio estaba mal diseñado, produciría reacciones emocionales negativas y una resistencia activa por parte del personal docente. Estas reacciones negativas afectarían adversamente a la forma en que los profesores interactuaban con sus estudiantes y con los padres. Los estudiantes percibirían la tensión, se estresarían ellos mismos y empezarían a exteriorizarlo de muchas formas. En última instancia, todo acabaría en un peor rendimiento en el aula.

Bruce también logró el éxito gracias a su buena comprensión de cómo diseñar el proceso de cambio para que los profesores fueran más receptivos. Por ejemplo, reconoció que hacer una sola presentación sobre el cambio propuesto, independientemente de lo clara y atractiva que pudiera resultar, no basta para generar acuerdo y compromiso por parte de quienes deben implementar el cambio. A menudo se necesitan múltiples presentaciones en diversos escenarios. También entendió que pedir la opinión de los docentes produciría un compromiso emocional más intenso.

La confianza que Bruce había creado con su equipo y con la comunidad, a lo largo del tiempo, fue un aspecto importante de la ecuación, pero también resultó fundamental su forma de descifrar la relación entre la dinámica emocional y organizativa.

Reconocer y trabajar con lo que nos «toca la fibra»

Al descifrar la dinámica emocional de diferentes situaciones, los líderes que estudiamos empezaron evaluando qué les «tocaba la fibra» y utilizaron este conocimiento para evitar grandes errores. Amy demostró esta habilidad cuando se dio cuenta de que reunirse con un grupo de padres enfadados, ella sola y sin ningún tipo de advertencia o preparación, la hacía caer en la ansiedad y la ponía a la defensiva de una forma que afectaba adversamente a su rendimiento.

Charles, responsable de un negocio familiar, también ilustró cómo los líderes llegaban a ser conscientes, con el tiempo, de lo que les «toca la fibra». Después de describir una dura y frustrante relación con un cliente, que duró muchos años, se expresó así: «Esta vez debería haber confiado en mi instinto». Luego añadió que, la primera vez que trató con este cliente, «no quería ir a la reunión». Fue a pesar de todo, y se sintió «intimidado y presionado». Y añadió: «Al acabar la jornada, accedí a todo lo que querían». A posteriori, se dio cuenta de que había tenido dudas sobre la reunión y que debería haber enviado a alguien en su lugar.

Por suerte, Charles fue capaz de aprender de este incidente. Describió una situación similar acontecida unos años más tarde y con otro cliente. En esta ocasión envió a uno de sus gerentes en representación de la empresa. «Y tres años después, seguimos trabajando con ellos en términos muy favorables». Como muchos otros líderes, Charles reconoció algo que le tocaba la fibra analizando la dinámica emocional de un incidente crítico, y utilizó este conocimiento para evitar errores graves en el futuro.

William Ury y sus colegas en el Programa de Negociación de Harvard han descubierto que la clave para lograr un acuerdo suele ser ir más allá de la posición inicial de cada parte e identificar los intereses subyacentes.[82] Al observar cuidadosamente nuestras propias reacciones emocionales, y las de nuestros oponentes, a menudo somos capaces de discernir con más nitidez los intereses subyacentes relevantes. Y conocer aquello que nos toca la fibra puede ayudar en esta tarea.

Hay muchas formas de saber qué es lo que nos toca la fibra. Además de monitorizar nuestras reacciones fisiológicas, también podemos reconocer lo que nos toca la fibra mejorando la conciencia de nuestras respuestas típicas. Ury menciona algunos de los elementos más comunes que suelen tocar la fibra de la gente: «Algunos de nosotros reaccionamos amargamente al menor asomo de crítica, o nos enfadamos si creemos que alguien se está burlando de nosotros. Algunos no soportamos que se rechacen nuestras ideas. Otros claudicamos porque nos sentimos culpables, o porque nos preocupa que los demás no nos quieran, o tal vez porque no deseamos montar una escena».[83]

Aquello que nos toca la fibra constituye una guía útil para nuestras emociones negativas. Pero también disponemos de detonantes cargados positivamente, que pueden estimular las emociones positivas y conducirnos a la acción creativa y eficaz. Cuando los líderes saben cuáles son sus detonantees positivos, pueden capitalizar las oportunidades potenciales buscando esas situaciones. Dorothy, por ejemplo, descubrió, en una fase temprana de su carrera, que disfrutaba elaborando boletines informativos. La escritura y el diseño gráfico le parecían actividades muy satisfactorias. Así que, cuando se convirtió en representante de una pequeña organización comunitaria, asumió la tarea de los boletines, aunque podría haber buscado a un voluntario para hacerlo. El resultado fue no solo un boletín muy eficaz, sino también una líder más satisfecha y comprometida, porque hacía algo especialmente satisfactorio y un tanto diferente a sus responsabilidades cotidianas.[84]

En resumidas cuentas, comprender lo que nos toca la fibra, y utilizar este conocimiento al afrontar situaciones críticas, fue una de las formas más importantes de los líderes excepcionales a la hora de utilizar su inteligencia emocional.

Comprender las dinámicas emocionales de asumir un nuevo rol de líder

Los líderes de nuestro estudio aplicaron su comprensión de la emoción para analizar la dinámica subyacente en muchas situaciones diferentes. Esta estrategia pareció de vital importancia cuando asumieron por primera vez un rol de líder en un grupo u organización.[85] Harold se enfrentó a una situación particularmente difícil al convertirse en CEO de una gran cadena de supermercados. Sustituyó al CEO anterior, que llevaba treinta años en el puesto y se había convertido en «una especie de leyenda». Se trataba de un antiguo negocio familiar, y Harold era el primer no familiar en asumir la posición de liderazgo.

Sustituir a un líder popular y respetar las tradiciones de una empresa con una cultura tan arraigada eran desafíos abrumadores. Harold aún recordaba sus sentimientos muchos años después: «Cuando estaba allí, escuchando a Bill pronunciar su emotivo discurso de despedida ante 2000 personas, me preguntaba a mí mismo: "¿Dónde me estoy metiendo?". Sientes la presión. Percibes la emoción. Nunca olvidaré esa noche». En un momento de su discurso, el CEO saliente dijo: «No os preocupéis; si las cosas no salen bien cuando yo ya no esté, ¡volveré en el siguiente avión desde Florida!». Aunque pretendía ser una broma y despertó muchas risas, reflejaba la ansiedad y la ambivalencia que el CEO saliente, junto a otros miembros de la empresa, sentían acerca de su jubilación. Tampoco ayudó que los periódicos de la época hablaran del cambio de liderazgo y se refirieran a Harold como «el extraño». El escepticismo de los trabajadores era aún mayor. Harold dijo: «Muchos pensaban que yo no lo conseguiría. Creían que solo duraría un par de años, porque era un extraño y estaba sustituyendo a un líder fuerte».

En lugar de desmoronarse ante tal presión o tratar de ignorarla, Harold utilizó sus intuiciones sobre la dinámica emocional subyacente para planificar su transición al rol de líder. Su estrategia básica fue encontrar un planteamiento coherente con su estilo, pero también compatible con las tradiciones y valores de la empresa. Y Harold lo consiguió. La empresa prosperó bajo su liderazgo, y cuando decidió retirarse tras una década de trabajo, era admirado y respetado tanto por los empleados como por la junta directiva.

Al echar la vista atrás, Harold compartió estas reflexiones: «Lo que hice no lo aprendí en un libro de texto. Fue algo culturalmente apropiado en una empresa que valora la cultura por encima de otras cosas». El hábito de descifrar la dinámica cultural de una situación sirvió a Harold de guía al atravesar los muchos desafíos que tuvo que superar como responsable de una gran empresa durante un periodo turbulento. La lección clave: cuando un líder asume una nueva posición, existen dinámicas emocionales que influirán en cómo los demás reaccionan ante él, y descifrarlas ayudarán al líder a superar mejor esta relevante transición.

Conclusión: comprender la dinámica emocional en múltiples niveles

En estas historias resulta especialmente llamativo que los líderes comprendieron hasta qué punto una serie de factores en múltiples niveles influyeron en las emociones de la gente. Por ejemplo, en el nivel *social*, Amy entendió que algunos padres eran «difíciles» dada la presión creada por los valores y expectativas culturales. Los esfuerzos de Bruce por implementar un cambio de calendario en su escuela ilustran cómo las dinámicas en los niveles *grupal y organizativo* influyen en las emociones. Las dificultades de Yolanda con su jefe requerían, a fin de cuentas, que comprendiera la forma en que la dinámica *interpersonal* –específicamente sus diferentes estilos de comunicación– contribuía al problema. El conflicto entre Amy y algunos miembros del comité de padres se resolvió en parte porque ella fue capaz de dar un paso atrás y reconocer que su propia ansiedad la ponía más a la defensiva, lo que a su vez irritaba aún más a los padres; un ejemplo de comprensión emocional a nivel *individual*. En todos los niveles tenía lugar una dinámica emocional importante, y comprender la contribución de cada nivel es otra forma en que los líderes excepcionales utilizan su inteligencia emocional.

Por lo tanto, los líderes de nuestro estudio fueron hábiles a la hora de identificar las causas y efectos de las emociones, y utilizaban esa habilidad para descifrar y afrontar las dimensiones emocionales de las situaciones problemáticas. También recurrían a ella para identificar oportunidades no inmediatamente obvias para los demás. Esto pasó a ser una estrategia a la que recurrían con frecuencia mientras intentaban construir mejores relaciones con los demás y alcanzar objetivos ambiciosos.

Actividad 5.1.

Comprender nuestros detonantes emocionales

En este capítulo, hemos leído acerca de situaciones y conductas a las que los líderes fueron emocionalmente reactivos. Aprendimos que mientras «tocar algunas fibras» podía inducirlos a una pérdida de control, otros detonantes cargados positivamente mejoraban su sensación de bienestar y su rendimiento como líderes. Los líderes eficaces como Amy y Harold, por ejemplo, eran capaces de mantener la calma y concentración para afrontar los retos organizativos porque habían aprendido a reconocer esos detonantes emocionales que podrían haber perjudicado su rendimiento con suma facilidad. Al vincularse a un detonante positivo relacionado con su amor a la escritura, los líderes como Dorothy descubrieron una renovada sensación de motivación y propósito al crear un boletín informativo eficaz para la empresa.

El siguiente ejercicio consta de dos partes. Aunque las dos apuntan a cultivar una mayor comprensión de lo que despierta nuestras reacciones emocionales, la primera parte se centra en lo que nos «toca la fibra», y la segunda busca nuestros detonantes positivos. El lector ha de sentirse libre de completar ambas partes o centrarse en la que considere de especial relevancia. En los capítulos 6 y 7 abordaremos la forma de trabajar con estos detonantes emocionales a fin de ampliar la libertad y las opciones a la hora de responder ante una situación determinada. ¡Acércate a tu ordenador o busca algo para escribir, y empecemos!

Parte 1

En primer lugar, anota una descripción de una ocasión en la que algo te «tocó la fibra» y tuviste una reacción de frustración, enfado o tristeza. (Sigue las cuatro preguntas clásicas: ¿Quién estaba implicado? ¿Qué estabas haciendo? ¿Cuándo sucedió? ¿Dónde?). A continuación, responde a las siguientes preguntas:

- ¿Cuáles fueron los detonantes de esta experiencia? En otras palabras, ¿qué elemento de la experiencia lo desencadenó todo? (Por ejemplo, ¿fue algo que dijo alguien? En este caso, ¿fue lo que dijo o cómo lo dijo? ¿O quién era la persona? ¿O cómo, cuándo y dónde sucedió?).
- ¿Por qué crees que estos detonantes crearon una reacción emocional tan fuerte?
- ¿Qué emociones específicas se despertaron al tocar esta fibra? ¿Cambiaron estas emociones en el curso de la experiencia? ¿De qué manera?
- ¿Cuáles fueron las consecuencias de que este elemento te tocara la fibra? ¿Cómo podría haber influido en tu conducta? ¿Y en la conducta de los demás? ¿Cómo habría influido en tus objetivos y en tu capacidad para alcanzarlos?

Parte 2

Como vimos en el ejemplo de Dorothy, los detonantes emocionales positivos nos aportan indicios vívidos respecto a lo que nos hace sentir bien y lo que nos colma de energía para mejorar nuestro rendimiento. Describe brevemente uno de esos momentos (sigue las cuatro preguntas clásicas de la primera parte de este ejercicio) y responde a estas preguntas:

- ¿Cuál fue el detonante o conjunto de detonantes de esta experiencia? ¿Qué aspectos de ella te han hecho sentir bien?
- ¿Por qué crees que estos detonantes crearon una reacción emocional tan positiva?
- ¿Cuáles fueron las emociones específicas suscitadas?
- ¿Cuáles fueron las consecuencias de la activación del detonante positivo? ¿En qué sentido influyó en tu vida dentro y fuera del trabajo?
- ¿Con qué frecuencia experimentas estos momentos positivos en tu vida?

- Si no has experimentado este tipo de emociones durante un tiempo, ¿a qué crees que se debe?

Si es posible, comparte tus respuestas con alguien de tu confianza. Esto te aportará más intuiciones y perspectivas a la hora de reconocer tus detonantes emocionales. Recuerda que este ejercicio está diseñado para aumentar tu conciencia y comprensión emocional ayudándote a identificar tus detonantes positivos y negativos y cómo su activación te influye en última instancia. En el próximo capítulo abordaremos la gestión de estos detonantes emocionales.

6. Cambia de perspectiva

Empezamos este libro con la historia de Tom, que, como joven gerente, en su segunda semana de trabajo tuvo que hacer frente a un grupo de ingenieros enfadados de una empresa automovilística que compraba acero a la empresa de Tom. Querían reunirse con él y su equipo porque eran uno de sus peores proveedores. Cuando le preguntamos qué sintió al recibir esta crítica fulminante, dijo: «Llevaba literalmente una semana en el trabajo. Así que en parte pensé: "Dios mío, ¿qué diablos voy a hacer?"».

Vimos que Tom no solo se las arregló para mantener la serenidad y gestionar eficazmente la reunión con los ingenieros, sino que siguió haciéndolo al día siguiente, cuando se reunió con su equipo para evaluar la crítica y lo que necesitaban hacer al respecto. Al cabo de un año, la empresa de Tom pasó de ser uno de los peores a uno de los mejores proveedores de ese cliente.

Cuando preguntamos a Tom cómo logró mantener el control de sus emociones y evitar que estas interfirieran en su juicio, explicó que tuvo que ver con su actitud hacia los problemas en general y con su modo de pensar en situaciones difíciles. En sus palabras: «Los negocios nunca son perfectos. Siempre hay retos y malas noticias [...]. Nueve de cada diez personas que cruzan la puerta de mi despacho tienen un problema. Y normalmente es demasiado simplista pensar que todos los problemas se deben a que una persona ha cometido un error, o que este error está causado por la mera incompetencia o negligencia. El mundo suele ser más complicado». Las expectativas realistas de Tom sobre su papel como líder le ayudaron a gestionar sus emociones y las emociones de los demás.

Tom también intentó centrar su atención en la tarea y en solucionar el problema en lugar de culpar a los demás. Al describir su reunión con su equipo al día siguiente, dijo: «Mi objetivo no era regañar a nadie, sino más bien preguntar "¿Qué podemos hacer para solucionar esto?"».

Curiosamente, Tom creía que su actitud ante los problemas procedía en parte de su formación y experiencia como ingeniero: «Los ingenieros –explicó–, están acostumbrados a lidiar con problemas. La ingeniería tiene que ver con eso». Lo único que cambió al ocupar la posición de gerente fue la naturaleza de los problemas. No solemos pensar que la formación en ingeniería ayude a la gente a ser líderes más sensibles y comprensivos. Sin embargo, esta formación les resultará de utilidad si son capaces de aplicar la perspectiva de resolución de problemas propia del ingeniero a los desafíos relacionales y motivacionales a los que se enfrentan los gerentes. Pero no hace falta ser ingeniero para considerar que el mundo es un caos, o reconocer que el líder es aquel a quien todos acuden cuando hay problemas complejos que se no pueden resolver por sí solos.

La forma en que pensamos sobre las personas y situaciones influye en cómo gestionamos las emociones. El modo en que Tom pensaba en un problema y lo «enfocaba» le ayudó a modular el nivel de estrés que experimentaba al afrontarlo. Y su planteamiento demuestra que reformular el modo de pensar en una determinada situación puede ser una estrategia útil de gestión de la emoción para un líder.

Richard Lazarus y sus colegas han identificado muchas formas diferentes de afrontar el estrés y los afectos negativos.[86] Su investigación, que abarcó varias décadas, señaló que algunas formas de afrontamiento son más eficaces que otras. En general, la «reevalua-ción positiva» (que incluye la reformulación) y la «resolución de problemas planificada» son los dos enfoques que guardan una mayor correlación con una adaptación exitosa en la vida. La «supresión de la emoción» resultó uno de las menos eficaces y, a veces, resultó perjudicial. La investigación de Lazarus ha sido confirmada por un estudio más reciente, que siguió a un grupo de estudiantes durante los cuatro años de universidad. Los investigadores descubrieron que quienes aplicaban la reevaluación positiva con mayor frecuencia tenían vínculos sociales más fuertes y un estatus social superior al final de los estudios. Por otro lado, quienes recurrían a la supresión de sus emociones mostraban vínculos sociales más débiles.[87]

Estrategia 6.
Reformula tu forma de pensar en la situación

Descubrimos que los líderes de nuestro estudio reformularon su for-ma de pensar en diversas situaciones siguiendo cinco vías distintas. En primer lugar, como Tom, esperaban que el mundo fuera *complicado y caótico*. En segundo lugar, en lugar de *buscar culpables*, buscaban factores que provocaban, desencadenaban, exacerbaban o cronificaban un problema. Una tercera forma de reformular las situa-ciones consistía en adoptar una *actitud inquisitiva*. En cuarto lugar, solían gestionar sus emociones y las de los demás *concentrándose en la tarea* que tenían entre manos. Y, en quinto lugar, trataban de adoptar una *perspectiva más positiva* al confrontar situaciones es-pecialmente complicadas.

Espera que el mundo sea complicado y caótico

Muchos de los líderes de nuestro estudio, como Tom, creían que los problemas son inevitables y que afrontar las cuestiones más exigentes constituía un aspecto fundamental de su trabajo como líderes organizacionales. Aunque no pensaban en esta perspectiva como en una estrategia para gestionar las emociones, descubrimos que la usaban reiteradamente.[88]

En las organizaciones habrá conflictos independientemente de lo que uno haga. Tal como expresó Sam, CEO de un gran centro residencial para personas con discapacidad: «Nunca alcanzarás un acuerdo completo, porque las personas son diferentes y tienen opiniones diversas». Al parecer, reconocer que los conflictos son inevitables en el mundo complejo y caótico en el que vivimos ayudó a muchos de los líderes que entrevistamos a gestionar mejor sus emociones a la hora de enfrentarse a tales conflictos.

Aaron, presidente de una gran empresa constructora, recurría a una analogía con el béisbol para ayudarle a comprender que con cierta frecuencia su trabajo generaría problemas que no podría solucionar: «No tienes por qué hacer un *hit* cada día. No lo vas a conseguir siempre. Cometemos errores».

Para los líderes que trabajaban en agencias encargadas de proteger a los niños de abusos y abandono, recordarse a sí mismos que el «mundo es un caos» resultó muy útil para gestionar sus emociones durante los acontecimientos especialmente perturbadores. Después de describir el caso de un niño pequeño que murió a pesar de que su equipo lo estaba supervisando (véase el capítulo 3), Clarence dijo: «¿Cómo seguimos atendiendo y ofreciendo un buen servicio después de haber vivido algo así?». Parte de su respuesta consistió en reconocer que él y su equipo no pudieron evitar el incidente. Tal como explicó: «No pudimos hacer nada para evitarlo. No podemos supervisar la vida de la gente veinticuatro horas al día, siete días a la semana... no podemos controlarlo todo». Se recordó a sí mismo que la junta evaluadora determinó que se trataba de un «incidente desafortunado» y que «la praxis había sido buena [...] el equipo hizo su trabajo».

La creencia de Clarence, según la cual su equipo y él no pudieron hacer nada más porque «no podían controlarlo todo», podía conducir a una resignación pasiva y a la aceptación de situaciones atroces que debían ser mejoradas. Sin embargo, Clarence evitó reformular la situación como excusa para la inacción. Aseguró que, pese a que no siempre pueden evitar horribles incidentes como el que había descrito, su equipo y él pueden trabajar para minimizar su frecuencia. Encontrar la manera de hacerlo «te aporta la sensación de que estás cumpliendo con tu trabajo». A veces, Clarence y su equipo fracasarán, porque el mundo es imperfecto, pero eso no quiere decir que no hagan un buen trabajo y se esfuercen por hacerlo aún mejor en el futuro.

Las expectativas juegan un papel decisivo a la hora de dar forma a nuestras respuestas emocionales a las diversas situaciones. Cuando nuestras expectativas son absurdamente positivas, es más probable que caigamos en el desencanto. Esa decepción puede resultar tóxica para los líderes. Si los líderes no adoptan la actitud según la cual el mundo es caótico por naturaleza, tienden a ser perfeccionistas. Intentan microgestionar a los otros, lo que produce estrés, *burnout*, ansiedad y desánimo. La perturbación emocional dificulta el mantenimiento de la perspectiva; pierden de vista el panorama general al quedar atrapados en los detalles. Por lo tanto, esperar que el mundo sea complicado y caótico a menudo ayuda a los líderes a gestionar sus emociones y las de otros de un modo tal que les permita alcanzar sus objetivos. El viejo dicho «Espera lo mejor, pero prepárate para lo peor» resulta ser una buena forma de gestionar nuestras emociones.

No busques culpables: contempla todos los factores que contribuyen a la situación

Cuando algo va mal, tendemos a culpar a una persona o grupo de personas; a veces a otros, a veces a nosotros mismos. Sin embargo, suele ser terriblemente simplista pensar que todo es culpa de un único individuo. Por otra parte, actuar así tiende a multiplicar las reacciones emocionales como la ira, la culpa y la vergüenza, que reducen nuestra capacidad para encontrar soluciones eficaces a los problemas. Algunos de los líderes que estudiamos recurrían a una reformulación que les ayudaba a evitar este pensamiento simplista y destructivo: en lugar de culpar a los individuos, se centraban en los aspectos de la situación que contribuían a lo que estaba pasando.

Ronald, director de una escuela parroquial, describió su gestión de las emociones, que consistió en centrarse en la situación en lugar de buscar culpables, cuando se vio inmerso en un conflicto con su responsable de contabilidad, un antiguo voluntario que había desarrollado una exitosa carrera como contable en la industria. El voluntario estaba molesto con la forma con que Ronald había gestionado la nómina mientras él estaba de vacaciones. Ronald creía haber obrado bien y consideraba que el método contable del voluntario era demasiado complejo para una pequeña escuela parroquial. En su encuentro para hablar de la situación, Ronald empezó a sentirse molesto por el tono «insultante» con el que el voluntario se dirigía a él. Preguntamos a Ronald cómo afrontó sus sentimientos en esta situación, y esto es lo que respondió:

> Necesitas un ajuste de la actitud. Así que di un paso atrás, lo miré y pensé que no era él quien me estaba frustrando e insultando, sino la situación […]. Nuestra escuela no es comparable a lo que él estaba acostumbrado, a trabajar a una escala mayor […]. Así, me centré en el hecho de que no era culpa suya. Y aunque su actitud era muy insultante, no consideré que él fuera responsable. Era así solo porque yo le estaba tocando donde le dolía.

A continuación, Ronald utilizó una analogía para describir cómo intenta evitar culparse a sí mismo o a otra persona al afrontar una situación frustrante. Dijo: «Si conduces bajo la lluvia y el coche se estropea, es frustrante. Pero no le echas la culpa a nadie. Nadie tiene la culpa. Simplemente, estás atrapado en esa situación».

Evitar el «buscar culpables» resultó útil para Ronald en esa situación. Según creía, fue capaz de hablar «respetuosamente» con el voluntario durante el encuentro; al final, este accedió a abandonar su puesto y dejar que otra persona supervisara el día a día de las cuentas, y Ronald pensó que era la solución ideal.

Algunos de nosotros tendemos a culparnos a nosotros mismos cuando las cosas no van bien; interiorizamos la culpa. Otros tienden a externalizar la culpa, volcándola en otros. En todo caso, ignoramos la contribución de los factores contextuales.[89] Sin embargo, tanto si nos culpamos a nosotros mismos como a otros, el resultado suele ser ira, culpa, vergüenza u otras intensas emociones negativas. Reconocer que hay factores circunstanciales que contribuyen al problema nos ayuda a evitar la atribución de culpas, lo que reduce las respuestas emocionales perturbadoras.[90]

Adopta una actitud inquisitiva hacia las emociones

Como todos los líderes que hemos estudiado, a veces Martha tenía que afrontar emociones difíciles en su trabajo como directora ejecutiva de una entidad sin ánimo de lucro. Tras comentar los conflictos que su equipo y ella mantuvieron con la iglesia que acoge su programa, Martha reflexionó sobre cómo había aprendido a ser menos reactiva transformando sus reacciones en preguntas: «En mi caso se trata de aprender a no ser susceptible. Cuando alguien dice algo que pone el dedo en la llaga, tengo que sentarme y preguntarme a mí misma: "Muy bien, ¿qué está pasando aquí?". ¿Qué emociones y sentimientos les hacen comportarse así, y qué me pasa a mí, qué es lo que yo estoy despertando en ellos? ¿Estoy haciendo algo de lo que ni siquiera soy consciente y que les induce a reaccionar así?».

Al adoptar una «actitud inquisitiva»,[91] Martha fue consciente de que estaba manifestando una intensa respuesta emocional a los conflictos con la iglesia. Pudo entonces distanciarse y pensar por qué tanto ella como otros actuaban así. Como resultado, pasó de sentirse irritada, enfadada o ansiosa a experimentar curiosidad.[92]

Adoptar una actitud inquisitiva también ayuda a utilizar otras reformulaciones. Nos ayuda a apreciar lo complicado y caótico que es el mundo, y pasar de una actitud «enjuiciadora» a otra «inquisitiva» nos impide caer en la búsqueda de culpables.[93] Karen, gerente corporativa de servicios alimentarios, adoptó una actitud inquisitiva al reunirse con una empleada que acusó falsamente a su empresa de haber violado las regulaciones de seguridad y salud laboral. Karen confesó que quiso «estrangular» a la empleada cuando supo lo que había hecho, pero sabía que tenía que controlar sus emociones para resolver la situación eficaz y humanamente. Decidió afrontar la reunión como una sesión para aclarar los hechos y no tanto como un encuentro disciplinario. Su objetivo era comprender mejor por qué la empleada había actuado así.

El primer paso de Karen fue presentarse ante el jefe de la empleada, que le dijo que, en las últimas semanas, esta había estado actuando de forma errática, poniéndose nerviosa por asuntos triviales y sin comprender ni seguir instrucciones sencillas. A partir de esta información, Karen concertó un encuentro con ella. En el primer encuentro, descubrió que el comportamiento de la empleada era muy diferente y que parecía «ruborizada y dubitativa a la hora de hablar». Con una actitud amable y abierta, impulsada por su deseo de saber más sobre la situación de la empleada en el trabajo y fuera de él, Karen empezó la conversación preguntando: «¿Estás lista para las vacaciones?», y la empleada se lanzó a hablar atropelladamente.

> Ella empezó, literalmente, a gritarme que este año no podría irse de vacaciones y que si yo lo comprendía. «No, no lo comprendo», respondí yo. «Pero las vacaciones son duras para mucha gente». Y entonces se desmoronó por completo, rompió a llorar y explicó que a su marido le habían diagnosticado un cáncer y que no podía comprender por qué les estaba pasando aquello. Habían tenido una buena vida y trabajaban duro para salir adelante. Y ¿sabes? ¿No podría pasarle esto a alguien que mereciera más mala suerte?

Por último, la conversación llevó al descubrimiento de que la ira de la empleada se centraba en el modo en que su marido había sido tratado por el sistema de salud después de recibir el diagnóstico. En palabras de Karen, la empleada estaba «enfadada con la vida» y probablemente había utilizado la denuncia como una forma de dar vía libre a su ira. Adoptar una actitud inquisitiva ayudó a Karen no solo a gestionar sus propias emociones, sino a que su empleada gestionara mejor las suyas. Al hablar de la enfermedad de su marido y reconducirla hacia recursos útiles, Karen puso a su empleada en un camino más constructivo. Al final, logró que su subordinada abandonara su rabia y amargura y se sintiera apoyada y atendida. Muchos meses más tarde, regresó al trabajo y actuó con normalidad.

La mayoría de los profesionales y directivos aprenden a adoptar una actitud inquisitiva hacia los aspectos más prácticos de tu trabajo; sin embargo, no aprenden a aplicar esta actitud a las cuestiones emocionales. Nuestros líderes lo hicieron y descubrieron que esta puede ser otra forma útil de gestionar las emociones.

Concéntrate en tus objetivos y en la tarea inmediata

Al examinar las docenas de incidentes críticos descritos por los líderes, nos conmovió la intensidad emocional de muchos de ellos. A menudo, los líderes describieron situaciones en las que tuvieron que enfrentarse a una gran pérdida, dolor, frustración e incluso desesperanza. Cuando examinamos la forma en que afrontaron estos sentimientos, una estrategia que afloró reiteradamente consistía en concentrarse en los objetivos y en la tarea inminente y dejar a un lado todos los otros pensamientos.[94]

Cuando Aaron, CEO de una gran empresa constructora, relató la súbita muerte de su mentor, el presidente de la compañía (véase capítulo 2), dijo: «Fue la primera vez en 32 años en que no quise ir al trabajo». Ahora bien, sabía que el resto de los empleados dependían de él más que nunca. Así que se levantó y se dirigió al trabajo. Concentrarse en la tarea más importante fue una reformulación clave que Aaron aplicó para gestionar sus sentimientos después de la pérdida.

Daniel Goleman ha señalado que, cuando una persona está afligida, concentrarse en algo al margen de su aflicción puede constituir una distracción útil. De hecho, la distracción –la capacidad de concentrar la atención lejos de los pensamientos inquietantes– es una de las destrezas de autorregulación emocional más básicas que desarrollamos en la infancia. Permite que el centro de alerta del cerebro se tranquilice, lo que libera más recursos cognitivos para la resolución de problemas y el pensamiento creativo.[95] Para los líderes de nuestro estudio, concentrarse en los objetivos y tareas inminentes fue una distracción especialmente eficaz.

Para Doreen, uno de los desafíos más difíciles de su carrera fue ayudar a su equipo y a sus estudiantes después de los ataques terroristas a Nueva York el Once de Septiembre. En aquel momento era directora de una escuela elemental situada junto al río en Nueva Jersey. Desde algunas ventanas se podía ver el humo que salía de las torres del World Trade Center, en la distancia. Muchos de los padres de los niños trabajaban en el centro de Manhattan. Según Doreen, lo que la ayudó a «mantenerlo todo en pie» durante ese día y los siguientes fue concentrarse en el objetivo de «hacer lo mejor para los niños, los profesores y los padres». Hacer lo mejor para todos en la escuela les ayudó a gestionar su angustia.

Concentrarse en los objetivos y tareas inminentes suele ayudar a los líderes a gestionar las emociones de los demás, aparte de las suyas. Como señaló Goleman: «El campo de atención de un líder –es decir, los objetivos y cuestiones específicos en que se concentra– guía la atención de quienes lo siguen tanto si el líder lo articula explícitamente como si no lo hace. Los individuos deciden en qué concentrarse a partir de su percepción de lo que resulta importante para los líderes. El efecto dominó aporta a los líderes una carga de responsabilidad extra: no solo guían su propia atención, sino, en un sentido más amplio, la de todos los demás».[96]

Concentrarse en objetivos y tareas funciona mejor cuando están claramente vinculados a valores importantes, trascendentales. Cuando los objetivos implican apoyar a quienes dependen del líder, salvar una organización a la que uno ha dedicado más de 30 años o crear un mundo mejor para nuestros hijos y nietos, concentrarnos en lo que tenemos que hacer puede ser una estrategia efectiva para gestionar nuestras emociones.[97]

Buena parte de lo que se ha escrito sobre afrontar las exigencias de nuestra vida subraya lo que las personas pueden hacer para cuidar de sí mismas. Se nos dice que deberíamos hacer más ejercicio, cambiar nuestra dieta, hacer yoga o meditación y cambiar nuestra forma de pensar en la adversidad. En cuanto al estrés laboral, se nos llega a aconsejar no concentrarnos mucho en el trabajo y en sus exigencias, porque una dedicación y compromisos excesivos pueden provocar *burnout*.[98] Por lo tanto, fue sorprendente saber que a menudo a estos líderes excepcionales les parecía útil concentrarse en cuidar de los demás y de la organización en su conjunto. A veces, centrarse en el trabajo inminente y en por qué es importante puede resultar una mejor estrategia para gestionar nuestras emociones que concentrarnos en nosotros mismos.

Adopta una perspectiva más positiva

Harold se convirtió en CEO de una gran cadena de supermercados cuando la Gran Recesión golpeó el país en 2008. Muchas personas en su posición probablemente pensarían que la situación era deprimente; otros se encogerían de hombros y se pondrían a cubierto; pero Harold lo reformuló y lo consideró una bendición disfrazada. Ofrecía la oportunidad, tanto a él como a sus ejecutivos, de repensar un plan que había generado mucha resistencia y que probablemente necesitaba más trabajo antes de estar listo para su aplicación. Así pues, en lugar de pensar en la recesión como en algo que simplemente añadiría más presión a todo el mundo, Harold pensó en ella como en una realidad que, en cierto sentido, reduciría esa presión.[99]

El «pensamiento positivo» ha sido una de las estrategias más antiguas y populares que la gente ha utilizado para gestionar sus emociones. Incluso antes de que la psicología moderna ofreciera evidencias científicas de que el optimismo está asociado al éxito y a una mejor salud,[100] los filósofos, líderes religiosos y expertos en negocios fomentaron el pensamiento positivo. En el siglo I d.C., el filósofo Epícteto pronunció esta célebre frase: «Lo que molesta a la gente no es tanto lo que sucede como lo que pensamos sobre lo que sucede».[101] En 1913, una célebre novela titulada *Pollyanna* introdujo una técnica llamada «el Juego de la Alegría», consistente en pensar en algo positivo cada vez que nos encontramos con una calamidad o decepción.[102] Y en 1952, el sacerdote Norman Vincent Peale publicó un libro muy popular e influyente con el título *El poder del pensamiento positivo*.

La investigación sobre liderazgo sugiere que las reformulaciones positivas pueden ayudar a los líderes a gestionar las emociones para producir resultados más positivos. En un estudio de campo de líderes informales en grupos como conjuntos de jazz y equipos de remo, Pescosolido descubrió muchos ejemplos en los que los líderes ayudaban a su equipo a administrar emociones potencialmente perturbadoras por medio de la reformulación positiva.[103] En un caso, un equipo de remo esperaba ganar una competición, pero acabó en una de las últimas posiciones. El grupo sufrió una profunda desmoralización, pero la líder cambió el tono:

> De pronto, Jackie empezó a gritar de emoción, y dijo que el equipo había derrotado a sus rivales locales, que les habían vencido en muchas ocasiones. El ánimo de las mujeres experimentó un cambio inmediato cuando todas empezaron a alegrarse por haber vencido a sus oponentes locales. Muchos miembros del equipo aseguraron más tarde que esta experiencia fue lo mejor que les pasó en la temporada de primavera, y sugirieron que les aportó confianza, resiliencia y la constatación de que llevar medallas a casa no era la única razón por la que practicaban ese deporte.[104]

Sin embargo, ¿y si los líderes no son «naturalmente» optimistas? El pensamiento positivo parece ser un aspecto fundamental del carácter. Al parecer, hemos nacido con una predisposición a ser más o menos optimistas.[105] Afortunadamente, los psicólogos han descubierto que existe la posibilidad de que los individuos adopten una perspectiva más positiva en ciertas situaciones incluso si carecen de un temperamento naturalmente optimista.[106] Y algunos de los líderes que estudiamos, como Cynthia, demostraron cómo se puede conseguir.

Cynthia no parecía una persona de un carácter especialmente animado; sin embargo, fue capaz de aprender a adoptar una perspectiva más positiva a la hora de dar y recibir *feedback* en un taller de liderazgo. Al principio, ella y muchos otros participantes expresaron lo mal que sienta dar un *feedback* negativo a alguien que está haciendo mal una determinada tarea. «Para la mayoría de nosotros –explicó–, es como ir a la guerra». Como resultado, tendían a «posponerlo todo cuanto fuera posible». Sin embargo, los participantes en el taller encontraron una forma más positiva de pensar en el *feedback*, considerándolo «un regalo», algo que se ofrece a la otra persona para mejorar en su puesto. Tal como señaló Cynthia: «Aunque el *feedback* sea negativo, lo más probable es que contenga algunas pepitas que podremos usar. Así que, si replanteamos nuestra actitud, cambiará la emoción que el *feedback* nos suscita».

Como no era de naturaleza optimista, al principio le resultó extraño pensar positivamente en el *feedback*. Sin embargo, le pareció más fácil hacerlo cuando comprobó su utilidad. Demostró que podemos aprender a afrontar un desafío emocional específico adoptando una forma más positiva de pensar en él, sin necesidad de cultivar un temperamento más optimista.

Algunos investigadores han descrito otras sencillas técnicas que los líderes pueden utilizar para ayudarles a adoptar un punto de vista más positivo. Judith T. Moskowitz, profesora de la Universidad Northwestern, ha identificado ocho «destrezas que contribuyen a estimular las emociones positivas».[107] Entre ellas está «reconocer un acontecimiento positivo al día», «pensar en una fortaleza personal y describir cómo la hemos utilizado» y «reconocer y practicar pequeños actos de bondad diaria». Sus colegas y ella han desarrollado una serie de estudios en los que han enseñado este tipo de destrezas, y los resultados son prometedores. En uno de ellos, descubrieron que los individuos que habían participado en un programa de formación *online* de cinco semanas manifestaron afectos más positivos y un menor nivel de estrés.[108]

Además del trabajo de Moskowitz, Caruso y Salovey presentaron una lista de enunciados que cada cual puede pronunciar para elevar rápidamente su estado de ánimo, como «Hoy me siento realmente bien» y «Las cosas van mejor».[109] Y Boyatzis y McKee describieron cómo una líder muy eficaz que conocían se reservaba un tiempo para leer las cartas agradecidas de los clientes. A continuación, escribía notas para los empleados mencionados en las cartas.[110]

A muchos otros líderes de nuestro estudio les pareció especialmente útil adoptar una visión más positiva de *otras personas*. Por ejemplo, Ronald, el director de la escuela parroquial, se sintió molesto cuando oyó que un personaje relevante en su comunidad había pedido a otros que no subvencionaran su escuela. Pero no podía permitirse mostrarse iracundo porque era una persona con la que tenía que mantener una relación constante y positiva. Por lo tanto, Ronald intentó centrarse conscientemente en las buenas cualidades del individuo: «Me construí una imagen mental de él. Es alguien muy agradable y parece que tiene buen corazón, y eso, por sí solo, bastó para que sintiera simpatía hacia él, en lugar de considerarlo un adversario o alguien que, por alguna razón, trabajaba contra mí».

Las relaciones interpersonales están influidas por nuestra actitud hacia esa persona. Si creemos que el otro es malo, tenderemos a señalar y concentrarnos en los aspectos de su carácter y conducta tendentes a confirmar esta perspectiva. Por el contrario, si consideramos que la otra persona es básicamente buena, tenderemos a percibir los aspectos que se ajustan a nuestra visión, e ignoraremos o minimizaremos las evidencias que apuntan a lo contrario.[111] Y estas percepciones influyen poderosamente en lo que sentimos hacia otras personas y en la calidad de nuestra relación con ellas.[112]

La reformulación positiva debe usarse con sensatez

En general, considerar a la gente desde un punto de vista más positivo puede ser útil para gestionar las emociones. Pero algunos empleados son capaces de perpetrar actos sumamente malvados (por ejemplo, esquemas Ponzi, tráfico de información privilegiada, sobornos, acoso sexual). Los líderes tienen que enfrentarse a ellos directamente, y no solo porque es lo correcto. Si no reconocen las faltas de estos delincuentes y no adoptan la acción adecuada, los líderes exponen a su organización a un daño enorme.

Por otra parte, intentar ser positivo respecto a una situación cuando esta no se ajusta al contexto puede resultar contraproducente. Por ejemplo, decir a aquellos que supervisamos que las cosas no son tan malas durante un periodo difícil, y que todo lo que tienen que hacer es intentar relajarse y trabajar duro, no les ayudará a gestionar sus emociones con eficacia, sobre todo si piensan: «Para él es fácil decirlo. Está en la dirección, allí todo es más sencillo». Incluso darnos a nosotros mismos palabras de ánimo puede ser perjudicial si nos impide percatarnos de las emociones negativas que podrían proporcionarnos una información valiosa sobre una situación difícil.

Los líderes emocionalmente inteligentes admiten las desventajas de una mala situación –las frustraciones, las pérdidas, las injusticias– y no intentan minimizarlas. Reconocen que a veces la gente necesita desfogarse, enfadarse y llorar. Sin embargo, estos líderes parecen estar en sintonía cuando ha habido el suficiente reconocimiento y se ha compartido el dolor, y cuando llega el momento de que tanto ellos como los demás sigan adelante y adopten una actitud más positiva.

Los líderes excepcionales también comprenden que a veces las normas grupales invitan a no centrarse mucho en lo positivo. La líder del equipo de remo que señaló con entusiasmo los aspectos positivos después de haber sufrido una derrota decepcionante confesó a Pescosolido que jamás habría actuado así con su anterior equipo, donde las normas de expresión de la emoción eran muy diferentes:

> El equipo en el que participaba en la escuela secundaria […] éramos muy estrictos, nos concentrábamos mucho. Nunca hubiéramos hecho saber que estábamos molestas por una sexta plaza; habríamos decidido individualmente que teníamos que trabajar más duro, o que éramos inútiles, o cualquier otra cosa. Sin embargo, en este grupo lo hablamos todo, comentamos cómo nos sentimos en relación con todo lo que afecta al grupo. Así que al verlos [a nuestros rivales locales] por detrás, me alegré de haberlos derrotado, y supe que las otras… ¡también compartirían la emoción! Pero jamás me habría alegrado de un sexto puesto en el otro equipo […]. Habrían pensado: «Vale, pero la hemos fastidiado igualmente».[113]

En la actualidad, la investigación psicológica contemporánea tiende a respaldar una visión más matizada y equilibrada del pensamiento positivo. Por ejemplo, Martin Seligman, uno de los fundadores del movimiento de la psicología positiva, ha señalado que hay momentos en que es mejor ser pesimista. Lo explica así: «El equilibrio de las evidencias sugiere que en algunas situaciones el pensamiento negativo produce una mayor precisión. Si la precisión está vinculada a consecuencias potencialmente catastróficas (por ejemplo, cuando un piloto de avión está pensando en descongelar las alas de un avión), todos deberíamos ser pesimistas».[114] En lugar de concebir el pensamiento positivo como una panacea, Seligman defiende encontrar el «equilibrio óptimo entre pensamiento positivo y negativo».[115]

Conclusión: más vale prevenir...

A la hora de utilizar la reformulación como estrategia para gestionar emociones, a veces conviene reformular los desafíos como oportunidades *antes* de que ocurran. En la mayoría de los ejemplos que hemos presentado, los líderes describen cómo utilizaron esta técnica para ayudarles a gestionar situaciones a medida que estas se manifestaban; sin embargo, también conocemos historias en las que los líderes anticiparon un acontecimiento estresante o una oportunidad positiva y recurrieron a la reformulación de una forma más proactiva. Por ejemplo, vimos que los jefes de la empresa de Cynthia empezaron a pensar más positivamente en el *feedback* antes de participar en una reunión programada para compartir *feedback* con un directivo o empleado. En lo que respecta a la reformulación, la «prevención» parece valer más que la «cura».

En suma, cambiar nuestra forma de pensar en una situación a partir de la reformulación descrita en este capítulo ofrece una forma eficaz de gestionar las emociones, porque la cognición y la emoción se solapan. Hay un movimiento de vaivén entre los pensamientos y los sentimientos que nunca es estático. Los líderes emocionalmente inteligentes parecen comprender esta idea y utilizan la reformulación como estrategia para gestionar sus emociones y las de los demás. Sin embargo, los líderes que estudiamos no se limitaron a administrar sus emociones reformulando lo que pensaban de una situación. También desarrollaron una estrategia para modificar las situaciones a fin de que surgieran emociones positivas de forma natural. Consideraremos esta estrategia en el próximo capítulo.

Actividad 6.1.

Acentuar lo positivo

Como has leído en este capítulo, a los líderes que adoptan la actitud de que «la vida es un caos» tiende a irles mejor bajo presión, en parte porque no pierden de vista las cosas que van bien. Cuando estamos sometidos a presión e intentamos abrirnos paso en un laberinto de problemas, puede ser difícil detectar las cosas positivas que llegan a nuestra vida. Sin embargo, en estos momentos es cuando más lo necesitamos: señalar lo positivo nos ayuda a afrontar las circunstancias estresantes al mejorar cómo nos sentimos; estas emociones positivas producen una cascada de reacciones que nos ayudan a movilizar recursos y apoyan y amplían nuestra capacidad de encontrar alternativas creativas a los problemas. Este ejercicio está diseñado para ayudarte a reconocer y rastrear esos posibles acontecimientos positivos, grandes y pequeños, que suceden cada día, pero que a menudo no detectamos.

Instrucciones

1. Recuerda un momento de la semana pasada en el que aconteció algo positivo (puede ser algo tan sencillo como recibir una llamada de un amigo, tomar una taza de café o ver una película divertida).
2. Toma nota, con el nivel de detalle que más te guste, de las emociones, pensamientos y sensaciones físicas que experimentaste en ese momento.

3. ¿Hay algo en esa experiencia que puedas incorporar a tu vida ahora? ¿Qué es?

4. Practica diariamente este ejercicio, tomando nota y apuntando una o más cosas positivas. Es una buena oportunidad para empezar un diario. ¡No solo mejorarás al hacerlo, sino que también te sentirás mejor!

Actividad 6.2.
Concentrarse en el objetivo

Los líderes afrontan todo tipo de situaciones intensas, algunas de las cuales pueden ser emocionalmente desestabilizadoras. Sin embargo, líderes excepcionales, como Aaron, cuyo CEO y amado mentor murió repentinamente de un ataque al corazón en una reunión de la empresa, han aprendido a concentrarse en objetivos y tareas importantes como una forma de afrontar sentimientos intensos sin verse superados por ellos. Como el lector habrá descubierto en este capítulo, concentrarse en objetivos y tareas concede tiempo al líder para reorganizarse y seguir adelante, al aportarle una necesaria distracción de la angustia provocada por situaciones inquietantes. Sin embargo, aprender a utilizar este tipo de reformulación no es algo que haya que dejar al azar. Aunque es imposible predecir cuándo tendrá lugar la siguiente oleada de turbulencias, reflexionar y aprender de nuestras experiencias puede enseñarnos mucho, de modo que, cuando lo inevitable nos golpee y volvamos a afrontar una época emocionalmente complicada, podamos hacerlo desde un lugar sólido y centrado.

Instrucciones

Piensa en un acontecimiento de tu propia vida en el que te desviaste porque tus emociones anularon lo mejor de ti. Tal vez te sentiste tan irritado o frustrado que perdiste tu temple en una reunión. O te desanimaste y dejaste de preocuparte por el resultado de un proyecto que una vez significó mucho para ti. O sentiste un gran estrés al intentar llegar a una fecha de entrega. Los ejemplos son infinitos, pero elige uno para esta actividad.

1. Regresa mentalmente al inicio del acontecimiento, antes de que empezaras a sentirte inquieto.

2. Ahora intenta recordar qué intentabas conseguir antes de que la situación se manifestara.

3. Anótalo en un papel o en la sección de notas de tu móvil u ordenador portátil.

4. Léelo una o dos veces.

5. Ahora recrea mentalmente el incidente, pero en esta ocasión no te abandones a las emociones perturbadoras. Por el contrario, concéntrate en los objetivos que has anotado.

6. A continuación, piensa en cómo podría haber evolucionado la situación. ¿Qué cosas harías de forma diferente? ¿Qué pasos básicos darías para mantener tu objetivo?

Durante la próxima semana, busca al menos una oportunidad, dentro o fuera del trabajo, para practicar la concentración en tus objetivos cuando las cosas se ponen cuesta arriba. Anota en pocas frases qué objetivos/tareas será importante que recuerdes durante ese tiempo. Repasa estos objetivos al menos una vez al día y piensa en los pequeños pasos que puedes dar para cumplir con la tarea.

Actividad 6.3.

Adoptar una actitud inquisitiva planteándonos preguntas emocionalmente inteligentes

Se dice que plantear buenas preguntas «fortalece el pensamiento, el aprendizaje, la acción y los resultados».* Formular buenas preguntas también nos ayuda a adoptar una actitud inquisitiva, que, como hemos leído en este capítulo, es una buena forma de gestionar nuestras emociones y las de los demás en situaciones complicadas. Hemos visto que líderes como Tom y Karen adoptaron una actitud inquisitiva y utilizaron habilidades de cuestionamiento eficaz para afrontar situaciones arduas que fácilmente podrían haber derivado en grandes desastres. Sin buenas preguntas, los líderes son más propensos a establecer conclusiones, haciendo juicios rápidos o tomando decisiones precipitadas, y, en última instancia, se hacen daño a sí mismos y a quienes dependen de ellos.

Plantear buenas preguntas nos exige utilizar nuestra inteligencia emocional porque nuestras emociones, sesgos e intenciones suelen manifestarse ante el receptor tanto si lo sabemos como si no. Por lo tanto, antes de plantear las preguntas correctas a los demás, hay que empezar por formularnos, a nosotros mismos, preguntas relevantes, algunas de las cuales esbozamos aquí.

Instrucciones

1. Piensa en una situación o problema actual en tu trabajo o en tu vida personal que te resulte emocionalmente delicado.
2. Anota lo que crees que está pasando. (No lo pienses mucho, escribe lo primero que te venga a la mente).

*.   Dilworth y Boshyk, 2010.

3. Al pensar en el resto de personas implicadas, pregúntate «¿Por qué se sienten y se comportan así?». ¿En qué sentido tus observaciones avalan tus conclusiones?

4. A continuación, plantéate estas preguntas: «¿Han reaccionado así por algo que he hecho yo? ¿O tal vez algo de lo que no soy consciente les induce a comportarse así?». De ser así, ¿qué puede ser?

5. ¿En qué sentido la situación puede estar contribuyendo al problema? ¿Qué otros factores podrían influir en la situación, además de la persona?

Este ejercicio quizá te parezca un tanto difícil, en especial si tu situación presenta una historia larga y problemática. Recuerda que el objetivo de este ejercicio es ayudarte a adoptar una actitud inquisitiva al afrontar situaciones complicadas y ampliar tu conciencia emocional y tu comprensión de la situación gracias a la consideración de diferentes puntos de vista (como tomar una fotografía a través de un gran angular). Si te cuesta responder a estas preguntas, piensa en la razón de ello.

7. Gestiona los límites

Imagina que tienes que reunirte con un cliente difícil para renegociar un contrato. Tu relación con esta persona ha sido conflictiva, y reconoces que hay muchas posibilidades de que en algún momento de la reunión pierdas la paciencia. Esto podría ser muy perjudicial para tu empresa. Tienes dos formas de gestionar las emociones. En primer lugar, como hemos descrito en el último capítulo, puedes *reformular* la manera de pensar en la situación, antes o durante la conversación, e intentar mantener una mayor distancia emocional. O puedes *modificar la situación* enviando a uno de tus asociados, al que le ha resultado más fácil trabajar con el cliente, a la reunión.

Cada planteamiento tiene sus pros y sus contras, y los líderes de nuestro estudio recurrieron a los dos; la mejor elección dependerá de la situación específica. En el último capítulo, examinamos cómo los líderes gestionaban sus propias emociones y la de otros por medio de la reformulación de su pensamiento respecto a las situaciones complejas. Sin embargo, los líderes también gestionaron sus emociones modificando la situación. En este capítulo consideraremos una de las estrategias que solían utilizar para conseguir este fin.

Estrategia 7.
Crea límites interpersonales óptimos

Pensemos en las siguientes situaciones:

- La directora de una escuela infantil aplicó las *Robert's Rules of Roder* para ayudarla a gestionar las emociones surgidas en las reuniones del comité asesor de padres.
- Una directiva intermedia de una gran empresa de cosméticos visitó la casa de una compañera de trabajo después de que esta perdiera a su hijo en un accidente automovilístico.
- La directora de una agencia de servicios sociales no invitó a su equipo a su casa ni salió con ellos. Pero aseguró estar «muy interesada por cómo estaban», preguntó por ellos y «se preocupó cuando tenían citas médicas y cosas así».

Cada uno de estos ejemplos ilustra una forma en que los líderes utilizaron los límites interpersonales para gestionar mejor sus propias emociones y las de los demás.[116] En el primer ejemplo, la líder creó unos límites más rígidos en relación con los temas y el tiempo de participación de cada cual en las reuniones. En el segundo ejemplo, la líder suavizó el límite que existía entre ella y los miembros de su equipo debido a la pérdida experimentada por uno de ellos. En el tercer ejemplo, un líder intentó establecer buenas relaciones con todo el equipo manteniendo unos límites ni muy rígidos ni muy flexibles.

La importancia de mantener los límites

La importancia de crear límites interpersonales óptimos en la gestión
de las emociones se entiende bien en profesiones en las que el trabajo puede ser emocionalmente intenso y perturbador.[117] Enfermeras,
médicos y otros profesionales de la salud a veces usan el término
atención distanciada para transmitir la idea de que deben mostrarse
atentos y compasivos hacia sus pacientes a la vez que mantienen una
cierta distancia interpersonal. Durante un periodo de varios siglos, el
campo de la medicina ha establecido reglas y procedimientos diseñados para ayudar al personal médico a mantener un equilibrio óptimo
entre el desapego y la atención. Un ejemplo es la bata blanca que
visten los médicos, que mantiene un cierto grado de distancia social
entre el doctor y el paciente a la vez que permite una considerable
empatía y compasión por parte del médico. Este tipo de procedimientos crean un límite interpersonal entre cuidador y paciente.

Los líderes organizacionales también han descubierto que gestionar los límites interpersonales es importante. Lisa Price, fundadora
y presidenta de Carol's Daughter, recordó sus dificultades con esta
cuestión cuando asumió una posición de liderazgo.[118] Explicó que,
en cuanto alcanzó un puesto directivo, le resultó difícil imponer
reglas a sus empleados y obligarlos porque «me gusta ser amiga de
los demás». Sin embargo, cuando empezó a imponer más límites
y dirección a los empleados, se dio cuenta de que muchos de ellos
agradecían el reforzamiento de esos límites.[119]

Los líderes de nuestro estudio gestionaron los límites de muchas
formas. Algunos eran temporales, como cuando el propietario de
una empresa de procesado de alimentos estableció una frontera firme
entre él mismo y un cliente difícil al enviar a uno de sus asociados a

reunirse con él. Otros límites eran más permanentes y físicos, como cuando la directora de una agencia de servicios sociales dispuso que la directora de programas se mudara a una oficina privada con una puerta que pudiera cerrarse para evitar las constantes interrupciones que aumentaban su nivel de estrés.

Utilizar las pausas para gestionar los límites

Es habitual que los líderes recurran a las pausas, que a veces suponen retirarse psicológicamente de una situación durante uno o dos minutos. Después de describir su enfrentamiento con unos padres, Amy dijo: «Cuando me veo envuelta en situaciones así, respiro profundamente. Recuerdo haberlas llamado "respiraciones de depuración" cuando di a luz a mi hija pequeña: cuatro inspiraciones, cuatro espiraciones». En esta situación, la estrategia funcionó; después de respirar profundamente, Amy se tranquilizó y acabó la reunión sin que la cosa fuera a mayores. Tras tomarse una semana para considerar el problema y las diversas soluciones, fue capaz de resolverlo.[120]

Dorothy, directora de una pequeña agencia de servicios sociales, también recurría a las pausas para gestionar sus emociones. Cuando le preguntamos cómo controlaba sus sentimientos cuando a veces se frustraba o se enfadaba con miembros del equipo o voluntarios, respondió así: «He aprendido a no reaccionar inmediatamente sino a dar un paso atrás y… darme tiempo para hablarlo en el futuro, lo que me da la oportunidad de pensar en ello». La pausa es una de las formas más sencillas que los líderes aplicaron para reforzar los límites interpersonales en situaciones delicadas, y a menudo demostró ser una forma eficaz de gestionar sus emociones.[121]

Crear nuevos roles para gestionar los límites

Los líderes también crearon nuevos roles para establecer límites interpersonales óptimos. Amy, directora de una escuela infantil, describió una situación así. Amy sabía que un miembro de la junta especialmente difícil participaría en el proyecto porque se consideraba un experto en páginas web. Así que Amy le invitó a hacerse cargo del proyecto, pero también propuso contratar a un asesor externo para que hiciera la mayor parte del trabajo. Como explicó Amy: «Tuvimos que idear algún sistema con el subcomité, de modo que el miembro de la junta y yo no entráramos en conflicto. Así pues, contratamos a un asesor externo y lo dispusimos todo para que el asesor fuera el supervisor general». En esta situación, Amy gestionó las emociones recurriendo a roles para crear un límite interpersonal más fuerte entre ella y el miembro de la junta experto en tecnología. Al recordar la experiencia, Amy concluyó: «Definir los roles que todos interpretábamos fue de gran ayuda para que la situación siguiera siendo manejable».

Utilizar reglas y procedimientos para cambiar los límites a mejor

En algunos casos, los líderes aplicaron procedimientos ya conocidos para modificar los límites interpersonales. Por ejemplo, Doreen, otra directora de una escuela infantil, expresó lo valioso que resultaría tener un protocolo claro que seguir en caso de que un niño de la escuela mostrara señales de haber sufrido abusos. Dijo que siempre era una situación inquietante, pero que un protocolo facilitaría las cosas porque así no hay que hacer conjeturas respecto a si hay que llamar o no a los servicios de protección a la infancia. Como explicó: «Es más fácil porque sabes que no tienes elección. No hay elección en cuanto el niño te dice algo que aparece en la lista. Entonces hay que llamar inmediatamente a los servicios de protección. Llamas y ellos se ocupan».[122]

Sin embargo, los líderes emocionalmente inteligentes no solo se basan en reglas y procedimientos institucionales previamente arraigados. Toman la iniciativa e introducen nuevas reglas que les ayudan a gestionar las emociones fuertes. Un ejemplo de ello es la introducción de Amy de *Robert's Rules of Order*, para ayudarle a crear unos límites más claros durante las reuniones del grupo de padres de la escuela infantil (véase el capítulo 5).

Dorothy aportó otro ejemplo. Estableció una nueva regla para ayudar a resolver un conflicto entre su directora de programas y la nueva ayudante de la directora. La nueva asistente y otro miembro del equipo se ausentaron de la oficina al mismo tiempo, dejando a la directora de programas sola para responder al teléfono. La directora de programas, que acababa de volver de la baja de maternidad, estaba estresada e irritada. Dorothy se reunió con ella y con su ayudante. Después de analizar el problema y despejar incógnitas, Dorothy «fijó algunas líneas básicas de actuación». La principal fue que los dos miembros del equipo no podrían ausentarse de la oficina al mismo tiempo. Si las dos tenían que salir, decidirían quién iría primero.

El equipo implementó la nueva regla. La directora de programas no volvió a quedarse sola en la oficina. Por lo tanto, ya no se sintió molesta con los demás, y las relaciones mejoraron en la oficina.

Dorothy también ayudó a que la directora de programas y su nueva ayudante propusieran nuevas ideas para definir mejor los límites. En cierto momento de la reunión, la directora de programas dijo que la ayudante debía sentirse libre de llamar a su puerta y entrar en cualquier momento. Dorothy pensó que era una mala idea porque «la directora tenía mucho trabajo y no debería ser interrumpida muy a menudo». Por otra parte, «la ayudante es una persona muy tímida a la que le iba a costar interrumpir a la directora». Después de estudiar el problema unos minutos, la directora de programas propuso una solución novedosa: en lugar de llamar a la puerta, la ayudante le enviaría un mensaje si necesitaba hablar algo con ella. Esto no solo fue una buena solución al problema, sino que también demostró hasta qué punto la directora de programas había entendido la idea de hacer más flexibles los límites interpersonales como forma de evitar emociones negativas y perturbadoras.

Las reuniones turbulentas del comité de padres en la escuela infantil, así como el conflicto entre una directora de programas y su ayudante en una pequeña agencia de servicios sociales sin ánimo de lucro, implicaban conflictos cara a cara que afectaban a un número relativamente reducido de personas. Sin embargo, también hubo ejemplos de líderes que recurrieron a reglas y procedimientos para gestionar las emociones de cientos o incluso miles de personas. Harold, CEO de una gran cadena de supermercados, describió con gran detalle la tensión emocional que se produjo en su nombramiento como persona a cargo de la compañía (véase el capítulo 5). Quería que el proceso fuera menos doloroso para todos cuando llegara la hora de elegir a su sucesor. Así, con la ayuda de un asesor externo, elaboró un procedimiento más estructurado que contribuía a que la experiencia fuera menos difícil. Empezaba con la identificación de seis o siete ejecutivos que parecían prometedores. El asesor sometía entonces a los candidatos a un proceso de evaluación muy intensivo y estructurado. También entrevistó a todos los miembros de la junta. Mientras tanto, Harold se reunía con la junta de forma regular para comentarles el proceso, y el asesor se reunía con Harold para ayudarle a pensar en las cuestiones que se presentaran. El asesor también ayudó a Harold a desarrollar un proceso cuidadosamente estructurado para comunicar la decisión que habían tomado.

Al examinar la experiencia, Harold admitió que «cuando se llegaba a una decisión, aún era difícil», porque el resultado era inesperado y controvertido. Sin embargo, creía que disponer de un proceso más estructurado contribuyó a gestionar las emociones fuertes no solo entre los candidatos y Harold, sino también entre los miembros de la junta, el equipo directivo y prácticamente todos los empleados. Sin este proceso, «todo habría resultado muy confuso», en palabras de Harold. Creía que era especialmente importante que «el proceso quedara fijado para la junta desde el principio, y ellos estuvieron de acuerdo». Concluyó señalando que el proceso implementado ahora se aplicaba en otros departamentos de la empresa.[123]

Distender los límites

La mayor parte de los ejemplos que hemos considerado hasta aquí implican reforzar los límites. Sin embargo, a veces los líderes aflojaban los límites interpersonales para ayudar a los miembros de un equipo a gestionar mejor sus emociones. Distender los límites también puede ayudar a los líderes a reunir información valiosa. Karen, gerente de servicios de alimentación, averiguó qué empleado denunció a la empresa (véase el capítulo 6), porque había mantenido cierta apertura en los límites entre sus empleados y ella. Lo explicó así:

«Cuando trabajaba en las unidades, intentaba almorzar con el gerente de la unidad y sus empleados. Quería que los trabajadores supieran que había una puerta abierta y que, si había algún problema, podían acudir a mí aunque les incomodara contárselo a su jefe». Almorzar habitualmente con los empleados ayudó a Karen a monitorizar mejor el clima emocional e identificar al denunciante.

La transparencia es otra forma de distender los límites interpersonales y grupales.[124] Cuando Tom era director de operaciones de una gran empresa siderúrgica, compartía información financiera de la compañía con los empleados en reuniones municipales celebradas cada trimestre. Cuando la Gran Recesión golpeó en 2008 y la empresa tuvo que cerrar algunas plantas, Tom pensó que esta transparencia ayudó a suavizar el golpe emocional porque los trabajadores lo vieron venir y comprendieron por qué era necesario cerrar una planta. Tom explicó: «Puede que aún les moleste que durante la recesión haya cerrado una fábrica, pero saben por qué se cerró, cómo se tomó la decisión y quién la tomó. Eso no les alegra ni les hace estar necesariamente de acuerdo con la decisión, pero mitiga su enfado y malestar».

Utilizar la inteligencia emocional para alcanzar unos límites óptimos

A menudo, los líderes tuvieron que estrechar algunos límites y relajar otros para mantener un óptimo grado de delimitación.[125] Amy, la directora de una escuela infantil, ilustró su forma de hacerlo al gestionar su relación con los integrantes del comité de padres. Anteriormente hemos descrito cómo puso fin a su conversación con un padre airado uno o dos minutos después de haber empezado, posponiéndola una semana. Aplazar la conversación ayudó a crear un límite más firme entre ella y el padre; reunirse una semana más tarde impidió que el límite interpersonal fuera excesivamente rígido.

Amy también distendió los límites entre los padres y ella asegurándose de acudir regularmente a las reuniones del comité escolar. Lo explicó así: «Necesito un tipo diferente de relación con los padres, una relación que no sea conflictiva. Por eso tengo que estar en el comité». Sin embargo, señaló que los debates en ese órgano también establecían límites más firmes, al ayudar a los padres a comprender «cuáles son esos límites».

Alcanzar una delimitación óptima por medio del refuerzo de algunos límites y la relajación de otros a veces se parece a caminar por una cuerda floja emocional. Cuando Diane coincidió con otra mujer en su rol de jefa de un equipo, tuvo que recurrir a su gran habilidad para gestionar los límites psicológicos. Los otros miembros del equipo no sabían que a su jefa le «presentarían la puerta» seis meses después de que Diane se uniera al equipo. Para garantizar una transición positiva, Diane tuvo que proteger la reputación y autoridad de la líder saliente sin debilitar su propia posición como nueva líder. Y necesitaba hacerlo mientras mantenía una buena relación con ella. «Tuve que construir una relación de confianza con ella, para que me revelara información que yo necesitaba antes de que ella abandonara su puesto».

Diane ofreció un ejemplo de cómo intentó crear una delimitación óptima durante la transición. La antigua líder no quería dejar de dirigir las reuniones con el equipo, pero Diane quería dejar claro que estaba dispuesta y era capaz de asumir el liderazgo del grupo. La solución de Diane fue intervenir más en las reuniones, pero lo hizo de manera respetuosa. En otras ocasiones, Diane simplemente se remitía a la líder saliente.

A pesar de que Diane intentó gestionar los límites con cuidado, el proceso no siempre fue fácil. Las reacciones de la líder saliente eran «mixtas. Podía aceptar algunas cosas y otras no». Y hubo ocasiones en las que Diane tuvo que recurrir al apoyo de su jefe. Sin embargo, sus esfuerzos por mantener unos límites interpersonales óptimos dieron sus frutos. En última instancia, la transición se realizó con suavidad. El equipo siguió funcionando bien. Diane y la antigua líder se llevaban bien cuando la última abandonó su puesto, siguieron trabajando juntas en una serie de proyectos y mantuvieron una buena relación.

Límites entre el trabajo y la vida al margen del entorno laboral

Uno de los límites más importantes que los líderes tienen que gestionar es el que separa el trabajo del resto de sus vidas. Existe la tentación de convertir el trabajo en la prioridad absoluta, y a veces los líderes se ven obligados a hacerlo. Sin embargo, los líderes que hemos estudiado reconocieron que tenían que cuidar de sí mismos para ocuparse de sus equipos y organizaciones. Comprendían que eran como padres con niños pequeños viajando en un avión, cuando de pronto la cabina se despresuriza y caen las máscaras de oxígeno: su primera responsabilidad consiste en colocarse sus propias máscaras de oxígeno para tener la fuerza y estar alerta para ayudar a sus hijos a ponerse las suyas. Del mismo modo, los líderes necesitan estar mental, física y emocionalmente en forma para ayudar a sus grupos a afrontar incidentes críticos cuando quiera que estos se manifiesten. Y gestionar la frontera entre el trabajo y la vida es fundamental para conseguirlo.[126]

Cada líder encontró formas diversas de mantener un cierto equilibrio en sus vidas, sobre todo durante las etapas complicadas, cuando las exigencias del trabajo eran excepcionalmente acuciantes. Diane dijo que daba largos paseos y «abrazaba la vida de familia» para ayudarla a «mantener la perspectiva». También mantenía sus «salidas sociales» como una forma de «quejarse y lamentarse». Cynthia, presidenta de una gran firma de ingeniería y arquitectura, dijo: «He descubierto que cuanto más alto llegas en una organización, menos capaz eres de compartir tus sentimientos durante un mal día (por ejemplo, en la oficina). Tienes que encontrar apoyo fuera de la empresa». También aseguró dar largos paseos para recuperarse durante los periodos más estresantes.

Por lo tanto, los líderes excepcionales utilizaron los límites personales e interpersonales para gestionar las emociones de muchas formas. A menudo establecían, mantenían o restringían los límites para mitigar las emociones perturbadoras. Sin embargo, también los relajaban, lo que estimulaba la expresión de emociones positivas, para facilitar el desarrollo de una mejor relación con los compañeros, empleados, jefes o clientes.

Actividad 7.1.
Crear límites óptimos

Este capítulo se ha centrado en cómo los líderes crearon límites óptimos entre ellos mismos y los demás, facilitando la gestión de emociones perturbadoras y, en última instancia, mejorando su eficacia. ¿Recordamos a Charles, el propietario de un negocio familiar que tenía problemas para gestionar sus emociones con un cliente especialmente difícil? Para crear un límite más nítido entre el cliente y él mismo, envió a uno de sus asociados a la reunión en lugar de ir él personalmente. Sin embargo, otros líderes, como Karen y Tom, trabajaron para relajar los límites entre ellos mismos y sus colaboradores manteniendo abiertos los canales de comunicación por medio de almuerzos informales o compartiendo información financiera relevante. Aunque estos líderes gestionaron sus límites en direcciones diferentes, todos conocían la importancia de cambiarlos para reforzar la eficacia de su liderazgo.

Ahora te toca a ti reflexionar sobre una relación, entre tú mismo y otra persona o personas, susceptible de mejorar al cambiar los límites actualmente vigentes, tanto si esto significa fortalecerlos como relajarlos. Te ofrecemos algunas cuestiones por las que empezar:

1. Piensa en una situación que afrontes con cierta frecuencia y en la que tu paciencia sea puesta a prueba. Tiendes a sentirte irritado, frustrado y molesto, y probablemente esas emociones te hacen menos eficaz. Ahora, piensa en cómo podrías crear más distancia entre tu mismo y esa persona a fin de trabajar más fácilmente y sin buena parte del conflicto emocional interno y externo. Dadas algunas de las estrategias empleadas por los líderes en este capítulo, ¿cómo las aplicarías a tu caso particular?

2. Piensa en una situación en la que querrías desarrollar una relación más positiva con otra persona o grupo para fomentar la comunicación o la confianza. Podría ser un compañero de trabajo, un subordinado, un cliente, una persona de otro departamento con la

que te relacionas, o incluso tu jefe. También podría ser un grupo de personas, como el comité de padres en la escuela infantil de Amy. ¿Qué podrías hacer para flexibilizar los límites interpersonales? Por ejemplo, ¿qué podrías hacer para relacionarte más con la otra persona y hacerlo de forma positiva y constructiva?

3. Es importante considerar las ramificaciones potenciales de la creación de límites óptimos. ¿Cuáles son algunos de los escollos o barreras potenciales que podrías encontrar para implementar este planteamiento? ¿Cómo podrías superar esas barreras?

4. ¿Puedes conseguir la ayuda de otros para crear estos nuevos límites?

5. ¿Cómo podrías evaluar si los límites que estás creando mejoran la situación? Plantéate las siguientes preguntas para evaluar tu progreso: ¿Sientes menos estrés o frustración? ¿Aumenta tu confianza en un compañero de trabajo? ¿Incurres menos en la microgestión? ¿Consideras que tus relaciones laborales son más productivas y colaborativas? ¿Eres capaz de dar y recibir *feedback* de forma honesta y oportuna sin sentir duda o temor?

8. Consigue la ayuda de otros

Solemos creer que los grandes líderes actúan solos. No obstante, en lo que atañe a la gestión de las emociones, es muy frecuente que reciban ayuda. Y los mejores líderes comprenden lo valioso que resulta pedir ayuda a los demás. George S. Barret, presidente y CEO de Cardinal Health, dijo lo siguiente sobre el valor de la ayuda de los demás: «Creo que un líder tiene que sentirse cómodo al cargar con todo el peso sobre sus hombros. Puede ser duro […]. No es para todo el mundo». Explicó que él es capaz de hacerlo –de hecho, le gusta– en parte porque comparte la carga con otros: «Me gusta porque no me siento solo. Acabo reuniendo a mi grupo, y repartimos la carga. Me encanta esa parte».[127]

Los líderes excepcionales de nuestro estudio también se apoyaron en otros. Describieron muchas situaciones en las que pidieron ayuda para comprender y gestionar mejor las emociones. Resulta que buscar y utilizar la ayuda de los otros suele ser la estrategia emocionalmente más inteligente que un líder puede aplicar en situaciones críticas.[128]

Estrategia 8.

Busca la ayuda de otros para gestionar las emociones

En el capítulo 5 describimos cómo Amy, directora de una escuela infantil, instituyó una versión modificada de *Robert's Rules of Order* después de una reunión especialmente polémica con el comité de padres; sin embargo, no fue idea de Amy. El administrador de la iglesia que alojaba la escuela de Amy solía dirigir reuniones, y Amy decidió aclarar el incidente con él. Durante la conversación, el administrador de la iglesia dijo: «La mayoría de las reuniones de la iglesia siguen una versión del *Robert's Rules of Order*. Ofrece una forma de afrontar los temas en las reuniones que evita que sucedan cosas así». Explicó entonces que, siguiendo el *Robert's Rules*, el tema polémico no habría sido abordado por primera vez como «un asunto nuevo, momento en el que habría dejado de ser discutido ese día». El administrador de la iglesia también ayudó a Amy a entender que no era necesario adoptar todas las *Robert's Rules* y seguirlas al pie de la letra. Lo explicó así: «No tenemos que implementar exactamente las *Robert's Rules of Order*. No somos una gran organización formal. Sin embargo, la esencia es que se trata una cuestión, una cuestión novedosa, en la próxima reunión. Si todo hubiera transcurrido así y hubiéramos dispuesto de esa regla, esta turbia confrontación no habría sucedido nunca».

Cómo ayudan los demás: ofrecer consejo y apoyo emocional

En el ejemplo de Amy, el administrador de la iglesia la ayudó a gestionar las emociones ofreciéndole consejo para modificar la situación. Sin embargo, es habitual que los líderes también se beneficien del apoyo emocional.

Ruth, que estaba a cargo de las operaciones y la planificación de venta al por mayor de una gran empresa fabricante de ropa, se enredó en un conflicto con uno de los miembros de su equipo. El problema llegó a su punto crítico en la reunión de revisión anual. Ruth lo recordó así: «A él le frustró mucho que yo no pudiera aprobar algunas de las cosas que me pedía, y se enfadó *mucho*. Nos dijimos muchas cosas. Así que la reunión no fue muy bien». Cuando esta acabó sin ningún tipo de resolución, Ruth fue incapaz de «perdonar» al empleado. También empezó a abrigar dudas sobre su papel como líder. Tal como dijo: «Estaba estupefacta. Me sentía un poco a la defensiva, y me enfadaba que él estuviera tan irritado. Me impactó realmente. Se apoderó de mí, era lo único en lo que podía pensar noche y día».

Así pues, Ruth buscó el consejo de su «*coach* empresarial» (un psicólogo organizacional contratado por la compañía de Ruth para ofrecer este tipo de asistencia).[129] Con ayuda del *coach*, fue capaz de pensar, con más profundidad, en sus sentimientos e idear un plan de acción para abordar el problema.

> Me reuní con mi *coach* empresarial y hablamos de lo que yo sentía y cuestionaba. Buena parte de mis preguntas eran: «¿Qué debería hacer?», «¿De qué va todo esto?», «¿Estoy bien?», «¿Está permitido sentirme así?». Y mi *coach* estuvo realmente bien porque me

confirmó que yo, simplemente, «era humana». Y me señaló que
las observaciones y el tono de voz del empleado hacia mí, como
líder, eran inapropiadas e irrespetuosas. Yo… en aquel momento,
yo no me había respetado tanto como para darme cuenta de eso. Así
que me ayudó a reconocer lo que sentía realmente y lo que necesitaba
aclarar al empleado.

En cuanto Ruth fue capaz de gestionar sus propias emociones, buscó
al empleado y trató con él de forma más eficaz. Lo explicó así: «Esta
conversación fue mejor. Él no se disculpó del todo, pero dio un paso
atrás; y dijo que realmente comprendía mi punto de vista. Entendía
que tenía que considerar otros aspectos».

Cuando Ruth buscó ayuda en su *coach* empresarial, necesitaba
algo más que un mero plan para tratar con el empleado. Estaba experimentando una crisis emocional. Y de diversas formas, el *coach*
le proporcionó el tipo de *feedback*, apoyo y aliento que Ruth necesitaba para gestionar los aspectos emocionales del reto que tenía entre
manos. En primer lugar, en el proceso de descargar algunas de sus
emociones negativas, Ruth fue capaz de contenerlas mejor. Al mismo tiempo, el encuentro la ayudó a materializar diversas opciones
para controlar la situación, lo que contribuyó a que se sintiera más
lúcida, serena y confiada en su capacidad para manejarla. Las palabras de ánimo del *coach* también aportaron a Ruth el optimismo y
la esperanza de que las cosas iban a funcionar y todo estaría bien. Y,
por último, la conversación también contribuyó a que desarrollara la
empatía (aunque ya tenía alguna) hacia el empleado.

Contactar con un *coach* empresarial reflejó una considerable
inteligencia emocional por parte de Ruth. Se dio cuenta de que
necesitaba este tipo de ayuda para obtener una perspectiva más

amplia de la situación. Aunque otros en la organización pensaban que Ruth era muy buena a la hora de gestionar las emociones, ella era lo bastante emocionalmente inteligente como para reconocer sus propias limitaciones y pedir ayuda a alguien de confianza para recibir el consejo y el apoyo emocional que a menudo requieren las situaciones complicadas.

Otras personas ayudaron a los líderes a gestionar las emociones en muchos sentidos. Además de ofrecer consejo, plantearon preguntas que les ayudaron a pensar más claramente en la situación. Aportaron una caja de resonancia que les ayudó a superar situaciones difíciles y a reconocer nuevas oportunidades; y expresaron su apoyo y afirmación. Así es como otras personas ayudaron a los líderes a gestionar sus propias emociones y las de los demás.

Buscar ayuda de un compañero de Recursos Humanos durante una ronda de despidos

Los líderes de nuestro estudio buscaron ayuda en muchos tipos de fuentes. A menudo, esta fuente era una persona procedente de su propia organización. Por ejemplo, Linda, directora y vicepresidenta de desarrollo de productos en una gran empresa textil, buscó apoyo emocional y asistencia técnica en su «compañera de Recursos Humanos» cuando la compañía tuvo que despedir a cierto número de empleados debido a las presiones económicas. Aún recordaba vívidamente cierto incidente:

> Llegó el día de los despidos. Teníamos que echar a unas cuantas personas, y era un momento emocionalmente difícil para todos.

> Después de estas entrevistas bajé por las escaleras para reunirme con mi equipo. Antes de llegar, me salió al paso un miembro del equipo. Se acercó a mí en el pasillo y me dijo: «¿Cómo has podido hacerlo? ¿Cómo has podido?». Ya sabes, gritándome. Y yo respondí: «Comprendo cómo te sientes. Lo comprendo…». E intenté tranquilizarla. Ella escuchó y se calmó un poco, luego se fue.

Aunque el miembro del equipo de Linda mostró una mayor serenidad después del incidente, muchos de los empleados seguían molestos. Linda lo explicó así: «Los siguientes días realmente fueron […] pasamos mucho tiempo reuniéndonos con la gente, con individuos, con equipos, para hablar de cómo se sentían».

Linda no era inmune a estos sentimientos. Dijo que aún recordaba ese periodo «muy bien […]. Fue muy conmovedor, muy emotivo […]. Las conversaciones fueron duras, y algunos empleados se mostraron un tanto desagradables ante la situación». Afortunadamente, la compañera de Recursos Humanos de Linda la ayudó a expresar y gestionar sus propios sentimientos, así como los de su equipo. Linda dijo: «Hemos trabajado estrechamente en el proceso de los despidos, y nos hemos desahogado juntas […]. Lloramos un poco a escondidas, y eso me ayudó a seguir adelante».

Buscar ayuda en un foro de empresas familiares

Los líderes también buscaron ayuda profesional fuera de la organización. Para Charles, CEO de un negocio familiar, esta ayuda llegó a través de un «foro de empresas familiares» en una universidad local.[130] Charles participaba con regularidad en programas del foro junto a otros propietarios de negocios familiares. Era un ambiente en el que podían aprender de profesionales, y también unos de otros, a afrontar sus emociones y las de sus padres, hermanos e hijos. Durante nuestra entrevista, Charles señaló que tenía «un montón de sentimientos negativos» sobre su negocio y la dinámica familiar asociada con él hasta que se implicó en el foro de empresas familiares. El foro le ayudó a comprender que muchos de los aspectos que le molestaban eran patrones que se repiten en muchos negocios familiares. Por ejemplo, le inquietaba que su padre no quisiera ceder el control de la empresa cuando se retirara. Creía que solo su padre era así, pero gracias al foro descubrió que así era como actuaban «todos los padres». A Charles también le molestaba que su hermana diera la impresión de «aferrar el poder siempre que podía». Pero su malestar se disipó cuando el equipo del foro le ayudó a entender que probablemente su conducta se debía a su sensación de que no tenían ningún poder en absoluto.

A Charles le resultó especialmente útil oír hablar a una oradora que era psicóloga y también miembro de un negocio familiar de muchas generaciones. En lugar de hablar de los desafíos, se centró en todos los aspectos positivos derivados de formar parte de un negocio familiar. Dijo que la empresa era «el pegamento que mantenía unida a la familia». Y añadió que, cuando al fin la familia vendió sus acciones, «el pegamento desapareció y todos perdieron algo valioso». Esta historia sirvió para que Charles se sintiera mejor respecto a su propia experiencia con su empresa familiar.

Coaches ejecutivos y asesores profesionales como fuentes de ayuda en la gestión emocional

En unos pocos casos, los líderes buscaron la ayuda de *coaches* ejecutivos y asesores profesionales para ayudarles a gestionar sus emociones. Charles explicó que, cuando era más joven, no quería unirse al negocio familiar, y esto generaba un conflicto con sus padres, que querían que se encargara de ello. Pensaba que ellos le «amedrentaban». «Mi madre me hizo sentir realmente culpable». Charles se unió a la empresa y se convirtió en presidente, pero su resentimiento seguía agravándose, y la compañía sufría por ello. «Llevaba dos años en la empresa y estábamos totalmente estancados. No podía contratar a nuevo personal o pensar en avanzar en nuevas direcciones si iba a acabar dejándolo». Charles empezó entonces a visitar a un asesor profesional, que le ayudó a gestionar sus sentimientos. «Trabajé en ello. Acabé por perdonar a mis padres. Me di cuenta de que eran seres humanos, como todo el mundo». El asesoramiento también contribuyó a que Charles se percatara de que realmente le gustaba la empresa y el trabajo, y descubrió que era muy bueno en lo que hacía. Lo que no le agradó fue el proceso mediante el cual accedió a su puesto. En cuanto Charles resolvió sus conflictos emocionales con la ayuda del asesor, hizo algunos contratos importantes y la empresa empezó a crecer y a prosperar de nuevo.

Harold, el CEO de una gran cadena de supermercados, no buscó la ayuda de otros ni dentro ni fuera de la organización cuando llegó a lo más alto. «Cuando me convertí en CEO, no creé una red de personas de confianza con las que poder hablar. No tuve un *coach*. No tenía a nadie fuera que comprendiera mi trabajo. Me limité a perseverar. Y creo que habría evitado algunas malas decisiones al principio de haber tenido a alguien que me pusiera en guardia». Así que, cuando llegó la hora de elegir a un sucesor, Harold se aseguró de que este tuviera a alguien con quien hablar y que le ayudara en el proceso. Buscó la asistencia de una psicóloga organizacional que había trabajado con la empresa en otros proyectos, y ella le ayudó a gestionar todas las emociones asociadas con la elección de su sucesor. Fue una buena decisión. Como vimos en el capítulo 7, este proceso fue fundamental en la gestión de las emociones de los miembros de la junta, los candidatos y otros accionistas clave en la organización. Harold explicó: «El proceso de sucesión que culminamos fue hermoso porque busqué a alguien con quien compartirlo». Y añadió: «La fortaleza de un CEO consiste en buscar ayuda».[131]

Precaución al buscar la ayuda de los demás

Al buscar ayuda adicional, los líderes de nuestro estudio recurrieron a su inteligencia emocional para decidir a quién buscar y cómo hacerlo de forma segura y eficaz. Michael aportó un buen ejemplo. Al principio recurrió a un *coach* externo para gestionar sus emociones y las de los demás. Sin embargo, este *coach* le dijo que también necesitaba a «alguien de la empresa». Por lo tanto, con ayuda del *coach* identificó a la persona que, como él, tenía mucha experiencia y era cercana al presidente de la compañía. Y lo más importante, «era completamente segura […], por lo que ella podía venir a mí, y yo a ella». Michael describió cómo se aproximó a su colega para solicitar su guía y apoyo: «Me acerqué a ella y dije: "Mira, estoy atravesando todos estos cambios en mi negocio y la compañía está creciendo, así que necesito a alguien que me ayude. Pero no estoy buscando un mentor, sino a un igual". Y la otra persona se mostró muy receptiva».

A partir de esta experiencia, Michael llegó a esta conclusión:

> Como ejecutivo, necesitas un *coach* externo; y también a alguien interno que comprenda los matices de la empresa y del negocio y te aporte una perspectiva diferente, alguien que sepa escuchar y decirte: «¿Sabes? Eso no es lo que está pasando, no lo estás entendiendo bien». Y creo que hay que encontrar a esa persona porque resultará increíblemente valiosa. No hay nada peor que estar rodeado por un grupo de gente que compite entre sí, y no saber qué dirección tomar [...]. *Pero tiene que ser seguro; se necesita una gran confianza.*

Estas palabras finales son importantes y plantean una pregunta igualmente relevante: ¿Cómo saber en quién podemos confiar cuando buscamos ayuda y guía procedente de los demás, en especial cuando esas personas forman parte de la misma organización? No parece haber una respuesta fácil a esta pregunta, pero se trata de otro ejemplo en el que nuestra inteligencia emocional resulta fundamental. Los líderes de nuestro estudio utilizaron su destreza para percibir y comprender con precisión las emociones y determinar en quién podían confiar para ayudarles a gestionar sus propias emociones y las de los demás.[132]

Actividad 8.1.

Pedir ayuda es algo emocionalmente inteligente

Este capítulo está sembrado de ejemplos de líderes eficaces que han buscado la ayuda que necesitaban justo cuando la necesitaban. ¡Buscar ayuda es una señal de inteligencia emocional, no una carencia de esta! El apoyo se presentó de muchas formas, tanto dentro como fuera de la organización. En el caso de Charles, un foro de empresas familiares le ayudó a aceptar y ajustarse a su papel en el negocio familiar. En el caso de Ruth, fue un profesional externo quien le ayudó a superar una compleja cuestión laboral. Y en el de Linda, su compañera de Recursos Humanos contribuyó a que afrontara los aspectos emocionales y técnicos de los despidos.

Para los líderes, la importancia de tener a alguien a quien acudir en tiempos de necesidad no se puede exagerar. Mucho se ha estudiado y escrito sobre la importancia de los vínculos de calidad, desde los jefes (actuales y pasados) a los *coaches* profesionales, cónyuges, familiares, colegas, compañeros y amigos. Como señalan Murphy y Kram (excepcionales investigadores en el campo de las relaciones laborales estratégicas y la asesoría): «Estas conexiones proporcionan el apoyo social, el puente, que sostiene tu rendimiento en el trabajo y produce satisfacción vital. En pocas palabras, las buenas relaciones nos ayudan a afrontar el estrés y a prosperar en tiempos de cambio».*

Hay tres preguntas principales que conviene considerar: a) ¿Pides ayuda cuando la necesitas?, b) ¿A quién acudes en busca de ayuda y apoyo? y c) ¿Cómo puedes seguir construyendo vínculos de calidad que te ayuden a sobrevivir y a prosperar como líder? Profundicemos en cada una de estas cuestiones.

---

*.   W. Murphy y Kram, 2014, pág. 19.

1. Pedir ayuda

- ¿Pedir ayuda te resulta fácil o difícil?
- ¿Cuándo es más probable que pidas ayuda? (Por ejemplo, ¿durante una crisis, cuando no eres capaz de averiguar cuál será el siguiente paso, al trabajar con personas difíciles?).
- Si te parece arduo, ¿qué barrera(s) se interpone(n) en tu camino a la hora de pedir ayuda?
- ¿Cómo puedes eliminar esa barrera para que pedir ayuda te resulte más natural?

2. Reforzar tu sistema de apoyo

Crea una tabla que refleje a las personas que constituyen tu red de apoyo y consigna en qué área te resultan más útiles. (Por ejemplo, dispón una columna para tu Organización, Familia y Comunidad). Recuerda que las personas pueden estar tanto dentro como fuera de tu organización laboral. Por ejemplo, en Organización puede aparecer un compañero de trabajo, un antiguo mentor o un jefe. En Comunidad podrías incluir a un amigo personal, un profesor, un conocido o un líder religioso.

A continuación, considera las siguientes preguntas para ayudarte a comprender las fortalezas de tu red de apoyo y cómo podrías reforzarla aún más:

- ¿En qué sentido el apoyo de cada persona te hizo un mejor empleado o líder?
- ¿Hay algún área actual en tu vida o una situación laboral en la que podrías necesitar ayuda?
- Si es así, ¿qué persona de tu red de apoyo sería la ideal?
- Si en tu lista no hay una persona que pueda brindarte su ayuda, ¿puedes utilizar tus contactos para buscar la ayuda de otro individuo? (¡Esto te aporta una oportunidad maravillosa para ampliar tu red de apoyo!).

- Piensa en cómo vas a pedir ayuda. ¿Cómo contactarás con la otra persona? ¿Te reunirás con ella para desayunar o almorzar? ¿Le enviarás un correo electrónico? ¿Necesitas presentarte?

Recuerda que crear vínculos de calidad exige tiempo y paciencia. No pasa de la noche a la mañana. Tampoco hace falta que las conexiones sean profundas para ser de calidad. Ser proactivos y tomar la iniciativa en la creación de relaciones de apoyo aumentará la capacidad de convertirse en un líder eficaz y equilibrado. Da el primer paso y observa adónde te conduce.

9. Conviértete en *coach* emocional

Los líderes emocionalmente inteligentes también son grandes maestros, muchas de sus enseñanzas consisten en ayudar a otros a cultivar y utilizar la inteligencia emocional. En su papel de supervisores, gestores, administradores o ejecutivos, los líderes organizacionales ocupan una posición notablemente buena para ayudar los demás a desarrollar su inteligencia emocional. Se pueden adquirir conocimientos sobre esta en seminarios y talleres de formación, o leyendo libros y artículos de revistas, y estas experiencias son útiles. También se puede trabajar con *coaches* ejecutivos que refuercen la inteligencia emocional en el trabajo. Sin embargo, es más probable que los líderes organizacionales tengan más oportunidades de ver a la gente en diversas situaciones de la vida real, y de forma continua en el tiempo, si los comparamos con los *coaches* o entrenadores. Además, son más propensos a aportar *feedback* de inmediato o poco después de un incidente. Y los líderes emocionalmente inteligentes tienen más inclinación a desarrollar el tipo de relaciones de confianza con los empleados, que estimulan la apertura al crecimiento y evolución personal de estos últimos.

Ayudar a todo un equipo a tener inteligencia emocional

Linda, la directora y vicepresidenta de desarrollo de productos en una gran empresa textil, ofreció un ejemplo relevante de cómo un líder puede utilizar su inteligencia emocional para ayudar a otros a desarrollarla en el entorno laboral. Supervisaba un equipo de individuos que dirigían sus propios equipos. En un determinado momento, uno de ellos, Paula, «no dirigía muy bien el suyo». Linda creía que ayudar a Paula a cultivar su capacidad para aplicar su inteligencia emocional a su equipo formaba parte de su responsabilidad como líder, y así fue como se convirtió en uno de sus proyectos.

Por desgracia, al principio Paula no se mostró muy receptiva. La primera vez que Linda se reunió con ella para discutir el problema, Paula «se alteró mucho. Lloró. Parecía reprocharme: ¿Cómo te atreves? Estaba muy muy enfadada». Muchos líderes en la posición de Linda se habrían mostrado reacios a iniciar un proceso de formación con Paula en ese momento, y se habrían apartado para minimizar el conflicto y el estrés. Pero Linda persistió. Creía que convertir a Paula en una líder emocionalmente inteligente era su deber. Y comprendía que el proceso implicaría algunos momentos muy complicados para Paula, algo que no era necesariamente malo.

Al principio, Linda no hizo muchos progresos. Aunque Paula parecía intentarlo, Linda se dio cuenta de que en realidad no lo estaba entendiendo. «Durante mucho tiempo tuve la impresión de que me escuchaba e intentaba hacer lo que yo le decía, pero yo sabía que no lo estaba pillando, porque no veía cambios en su equipo». Pese a la falta de progresos, Linda insistió durante muchos meses. Por último, el rendimiento de Paula empezó a mejorar. «El punto de inflexión tuvo lugar cuando Paula se incorporó al esfuerzo conjunto por reestructurar la empresa. Incluí a todos líderes de equipo en el proceso, me reunía con ellos regularmente y compartía… información –incluida información confidencial– y era más honesta y transparente. Quería que todos se sintieran parte del esfuerzo de reconstrucción. Y en todo ese proceso, Paula creció y cambió». ¿Cómo fue trabajar con Paula en el contexto de un esfuerzo de aprendizaje en equipo? En parte, Paula ya no era el único objetivo, lo que disminuyó su ánimo a la defensiva. También logró que el aprendizaje fuera más relevante para aplicarlo en el contexto de un esfuerzo real por el cambio. Y es probable que otros miembros del equipo estuvieran abiertos a aprender, lo que animó a Paula a realizar un esfuerzo más coordinado para asimilar nuevas destrezas de liderazgo.

Los esfuerzos de desarrollo también incluyeron una instrucción y una guía más directa, no solo para Paula, sino para todo el equipo: «Hablé mucho de liderazgo, y les di material de lectura. Y hablamos de algunas ideas que yo estaba conociendo gracias a los programas de desarrollo, mi propio *coach* o mis lecturas, porque siempre estoy leyendo sobre liderazgo y la psicología de la interacción entre personas». Aunque llevó tiempo, Paula empezó a demostrar las competencias emocionales y sociales que Linda había intentado ayudarle a cultivar. Y esta última se aseguró de reconocer esos esfuerzos: «Le manifesté mi admiración. Le di las gracias y le comenté lo bien que lo estaba haciendo. Por último, le concedí más responsabilidad en el liderazgo».

Ayudar a Paula a desarrollar sus habilidades para el liderazgo requirió un alto grado de competencia emocional y social por parte de Linda. La respuesta inicial de Paula a la preocupación de Linda fue defensiva y airada, y esto no constituyó una sorpresa. Linda, sin embargo, no se dejó vencer por esta reacción; fue capaz de mostrarse serena y positiva ante la resistencia de Paula. Y cuando sus esfuerzos parecían inútiles, persistió en la creencia de que podía ayudarla a cambiar. Desde el principio comprendió que sería un proceso difícil, por lo que, en lugar de perder la paciencia y frustrarse con Paula, se centró en el objetivo de ayudarla a cambiar.

Estrategia 9.
Ayuda a otros a desarrollar sus habilidades de inteligencia emocional

---

Linda no fue el único líder que utilizó su inteligencia emocional para ayudar a otros a cultivar y utilizar la suya.[133] Los líderes excepcionales que estudiamos creían que ayudar a otros a ser emocionalmente inteligentes formaba parte de su rol como líderes, y utilizaron su inteligencia emocional de muchas formas para alcanzar este fin.

Entrenar a un compañero para usar más inteligencia emocional

Jonathan era uno de estos líderes. Pero, en este caso, la persona a la que ayudó era un compañero. Tanto Jonathan como Manny eran ejecutivos senior que respondían directamente al CEO en una gran empresa que fabricaba suministros médicos. La compañía había contratado a Manny dos años antes. Tenía una gran fortaleza técnica, pero era difícil trabajar con él. Jonathan lo describió como «muy reactivo emocionalmente… vociferante… muy obstinado…

y muy imperfecto». Como el CEO consideraba a Jonathan como un líder muy hábil y sensible, le pidió que ayudara a Manny a ser emocionalmente competente.

Jonathan empezó observando la conducta de Manny en diferentes situaciones. Descubrió que Manny «pensaba algo y lo soltaba. No era capaz de contenerse, y no era consciente de lo que hacía». Manny tampoco parecía capaz de interpretar lo que sucedía en su entorno. Contaba chistes subidos de tono «en un ambiente donde eso era claramente inaceptable». A continuación, Jonathan añadió: «Nuestro entorno no es un lugar para comportarse irresponsablemente. No es la barra de un bar».

Después de que Jonathan pasara cierto tiempo estudiando las causas y efectos de la problemática conducta de Manny, empezó a trabajar con él. Jonathan lo explicó así: «Mi primera tarea era concienciarlo, hacerle pensar en lo inapropiado de su conducta y llamar su atención sobre las circunstancias en las que esta tenía lugar; y todo ello para que la sometiera a examen». Jonathan tuvo cuidado de reunirse personalmente con Manny y hacerlo «lo más cerca posible de la conducta que quería corregir. Le decía a Manny: "Mira, esto es lo que he observado, y esto es lo que he oído que dicen otros en la organización. ¿Eres consciente de actuar así? ¿O de cómo te perciben los demás?"».

Por desgracia, la reacción inicial de Manny no fue de utilidad. No negaba su conducta, pero le restaba importancia. Mientras tanto, Jonathan seguía intentando comprender mejor por qué Manny actuaba así. Se dio cuenta de que «se había comportado así en otras culturas empresariales y nadie le había pedido cuentas».

Como Linda, Jonathan tuvo que ser paciente y persistente porque Manny no respondió positivamente durante un tiempo. Según Jonathan, «al principio escuchaba, pero lo menospreciaba. Parecía creer que yo me iba a rendir y aceptar su comportamiento. Pero no lo hice. Seguía interpelándole». Aunque Jonathan era paciente, Manny no lo era. Después de dos o tres conversaciones, Manny le dijo a Jonathan, «con el semblante serio, que me había propasado y que no tenía derecho a cuestionar su forma de actuar y su comportamiento. ¡Me hizo un gesto de desprecio y me pidió que abandonara su oficina!». Sin embargo, Jonathan logró no tomárselo de un modo personal. Se dio cuenta de que Manny «estaba acostumbrado a ser ofensivo y atacar». En lugar de articular un contraataque, Jonathan hizo un esfuerzo consciente para «no responder».

Al final, la paciencia y perseverancia de Jonathan dieron sus frutos. El punto de inflexión tuvo lugar cuando descubrió una forma de crear una relación más positiva con Manny:

> Además de algunos de estos incidentes, Manny tenía algunos problemas derivados de su traslado desde otro estado: le preocupaba cuánto dinero perdería al vender su antigua casa y comprar una similar aquí. En cierto momento, acudió a uno de mis colegas y le dijo: «No sé si va a funcionar. Creo que tendré que irme. Es mejor que vuelva a mi antiguo empleo para ver si vuelven a contratarme que quedarme aquí. Es obvio que no encajo y me costará sudor y lágrimas conseguir que esto funcione».

Jonathan buscó la manera de resolver las cargas financieras asociadas al traslado de Manny y, al fin, logró que la empresa hiciera algunas gestiones «costosas y más allá de lo que nos habíamos comprometido a hacer para ayudar a Manny con los gastos de su reubicación». Estas acciones «solucionaron la ansiedad inmediata de Manny, lo que supuso un gran alivio para él».

Manny aplaudió a Jonathan por la ayuda adicional de la empresa con los problemas de traslado, y «pasó mucho mucho tiempo hasta que cambió su perspectiva y dejó de verme como a un enemigo». Ahora, cuando Jonathan le comentaba algo, Manny escuchaba de verdad. Incluso «entraba en mi oficina y me pedía mi opinión o consejo». Por último, Manny le preguntó si podía «programar un *coaching* ejecutivo» para él. Jonathan accedió con mucho gusto.

El *coaching* incluía una «evaluación de 360 grados», lo que proporcionó a Manny «unos datos muy buenos procedentes de diversos puntos de vista, y no solo el mío».[134] Manny asimiló el *feedback* con ayuda de su *coach* y desarrolló un plan de acción. El plan se centraba no solo en algunas áreas relacionadas con la eficacia técnica, sino también con una mejor profesionalidad y un mejor control emocional. Jonathan lo recordaba así: «Creó una atmósfera en la que podíamos construir una confianza inicial, que fue haciéndose más profunda».

Ayudar a Manny a desarrollar una mayor inteligencia emocional en su forma de gestionar su interacción con los otros llevó tiempo, y el proceso no fue fácil ni lineal, pero al final tuvo éxito. Jonathan concluyó su historia señalando que, recientemente, Manny había hecho una «presentación absolutamente maravillosa en la junta de directores. Al día siguiente, en cuanto lo vi entrar fui a su oficina para decirle lo orgulloso que estaba de él, cómo se había distinguido y se había servido no solo a sí mismo, sino a todo el equipo. ¡El tipo resplandecía de orgullo!».

Habilidades de inteligencia emocional específicas necesarias para ayudar a otros a utilizar su inteligencia emocional

Jonathan utilizó muchas habilidades de inteligencia emocional en su trabajo con Manny. Empezó observando cuidadosamente la conducta del otro hombre en diferentes contextos, lo que le llevó a una identificación más precisa de cómo las emociones de Manny se interponían en su rendimiento y afectaban a otros. Mientras seguía observando y monitorizando la volatilidad emocional de Manny, la comprensión de Jonathan se hizo más profunda. Reconoció el importante papel desempeñado por el contexto social. Descubrió que probablemente la conducta de Manny no era tan problemática en su anterior ambiente laboral porque la cultura empresarial era diferente. Jonathan también llegó a comprender que el estrés financiero provocado por el traslado de Manny contribuyó a sus problemas emocionales. La aguda conciencia y comprensión, por parte de Jonathan, de la dinámica emocional de Manny le ayudó a señalar los aspectos en los que este último necesitaba ayuda.

Durante este proceso, Jonathan necesitó su inteligencia emocional para gestionar sus propias emociones, aparte de las de Manny. Cuando este le atacaba verbalmente, Jonathan resistía el impulso de contraatacar. Utilizó muchas de las técnicas de reformulación descritas en el capítulo 6, como tener presente hasta qué punto la situación contribuía a la conducta abusiva de Manny en lugar de culparlo de todo a él, adoptar una actitud inquisitiva hacia su comportamiento, y centrar su atención en la tarea fundamental de ayudarle a cambiar. A medida que pasaba el tiempo y había poca mejora, Jonathan fue capaz de persistir porque desde el principio había asumido que el proceso de cambio iba a ser complicado, confuso y prolongado. Jonathan también demostró una gran habilidad al emplear técnicas como el *feedback* para contribuir al cambio de Manny. Entendió que el *feedback* tenía que suministrarse reiteradamente y que tenía que ser tan específico como fuera posible. Además, había que administrarlo justo después del comportamiento que se quería cambiar. Jonathan también comprendió la importancia de aportar no solo *feedback* negativo, sino también positivo, siempre que viera a Manny gestionar eficazmente sus emociones.[135] Y lo más importante: reconoció hasta qué punto era vital crear una «atmósfera de confianza», y usó su inteligencia emocional para ello.

El trabajo de Jonathan fue difícil en parte porque Manny y él eran compañeros. Otros líderes de nuestro estudio también describieron situaciones en las que brindaron su ayuda a compañeros, y algunos incluso contribuyeron a que sus jefes cultivaran una mayor inteligencia emocional. Ayudar al propio jefe en estas cuestiones requiere de una destreza y sensibilidad aún mayor. Sin embargo, si los líderes invierten más tiempo en intentar que sus jefes y compañeros desarrollen una mayor inteligencia emocional, en lugar de limitarse a quejarse por su falta, el ambiente y el rendimiento empresarial podrían mejorar. Requiere de una considerable inteligencia emocional, pero, para los líderes que poseen estas capacidades, puede ser una de las formas más relevantes de aplicarla.

Emplear un mecanismo más formal para ayudar a los líderes de una empresa a utilizar más inteligencia emocional

Los líderes excepcionales solían ayudar a otros a desarrollar su inteligencia emocional informalmente, en el trabajo, como en los ejemplos de Linda y Jonathan. Sin embargo, en unos pocos ejemplos utilizaron estructuras más formales. Cynthia, CEO de una gran empresa de ingeniería, describió cómo facilitó que los empleados cultivaran su inteligencia emocional a través de un programa para grupos establecido por su empresa. Los grupos mantenían una reunión mensual de 90 minutos y estaban dirigidos por líderes empresariales, entre ellos Cynthia. Los grupos surgieron de un programa de desarrollo de la inteligencia emocional que la empresa había lanzado un tiempo atrás.

El grupo sirvió a múltiples propósitos. Según Cynthia, «era una forma de reforzar lo aprendido en clase de inteligencia emocional. Y también creaba un lugar seguro para que la gente expresara lo que sentía […]. Es una especie de apoyo emocional pero guiado, con un ojo puesto en cómo mejorar; ¿qué significa esto para los negocios?».

Los líderes empresariales que codirigían los grupos de debate recibían una formación especial, una guía de recursos y un constante apoyo y guía de asesores profesionales que les ayudaban a crear una atmósfera segura en el seno del grupo. Como señaló Cynthia, «el grupo depende en gran medida del líder, y nosotros entrenamos al líder».

Para que los empleados de su grupo de debate utilizaran lo que habían aprendido en sus trabajos, Cynthia y los otros líderes de grupo les señalaban reiteradamente la forma de hacerlo. Por ejemplo, tras ayudar a los miembros de su equipo a explorar sus emociones en relación con los cambios recientes en la empresa, Cynthia les dijo: «Lo que acabamos de hacer es un ejemplo de cómo podemos ayudar a nuestros empleados de forma positiva a realizar los cambios que necesitamos sin que estos sean negativos».

Los grupos de debate ofrecieron a los líderes como Cynthia otro recurso para utilizar su inteligencia emocional a la hora de ayudar a otros a desarrollar la suya propia. Y era una forma especialmente poderosa de hacerlo porque se trataba de un proceso formal, continuo y abierto a toda la empresa y que implicaba a la cúpula directiva de forma directa y activa. Hasta qué punto esta innovación tendrá éxito en otros entornos es algo que aún está por ver, pero, en opinión de Cynthia, los grupos tuvieron éxito en su empresa: «El empleado medio aprecia la oportunidad de sentarse con el líder de la empresa y hablar. Por eso creo que ha funcionado bien en nuestro entorno».

Conclusión

Ayudar a otros a desarrollar competencias de inteligencia emocional es otra forma en la que los líderes de nuestro estudio utilizaron la suya, y lo consideraron como una parte fundamental del papel de liderazgo.[136] A menudo, estos esfuerzos se incorporaban al trabajo diario, lo que redundaba en una especial eficacia. Las situaciones que sobrevienen de forma natural pueden ser especialmente fértiles para ayudar a cultivar la inteligencia emocional porque generan una mayor motivación y receptividad. También son buenas para aprender porque los líderes tienen múltiples oportunidades para descubrir a la otra persona en situaciones de la vida real y aportarle *feedback* y apoyo.[137]

Sin embargo, disponer de muchas oportunidades para ayudar a los demás a desarrollar las habilidades de inteligencia emocional no era suficiente. La propia inteligencia emocional de los líderes contribuyó a que usaran estas situaciones naturalmente sobrevenidas de forma *eficaz*. Su inteligencia emocional les permitió una mayor credibilidad y autoridad, lo que favoreció que los demás fueran más receptivos a los esfuerzos de difusión de los líderes. En el trabajo de Jonathan con Manny, por ejemplo, tuvo que controlar sus propias emociones en respuesta a la conducta abusiva de Manny hacia él en una fase temprana del proceso. En ese momento, su conocimiento emocional le permitió comprender mejor las causas subyacentes de la conducta problemática de Manny. A partir de esa comprensión, fue capaz de ayudar a Manny a resolver una fuente fundamental de ansiedad en su vida, lo que alteró profundamente la receptividad de Manny.

La habilidad del líder para persistir ante los tropiezos y resistencias también fue especialmente relevante al ayudar a los demás a desarrollar la inteligencia emocional. Aunque los líderes de nuestro estudio eran muy respetados y admirados por quienes trabajaban con ellos, a menudo su esfuerzo por mejorar la inteligencia emocional de los demás no tuvo un impacto inicial. Y en muchos casos, el progreso fue escaso durante largo tiempo. Sin embargo, los líderes perseveraron y, finalmente, la otra persona empezó a cambiar.[138]

Otro aspecto que surgió en estos incidentes implicó la importancia del equipo y la cultura empresarial al apoyar el desarrollo de la inteligencia emocional por parte de los líderes. La empresa de ingeniería de Cynthia mantuvo un compromiso relevante y extendido en el tiempo para convertir la inteligencia emocional en parte fundamental de su cultura. La empresa contrató una consultora externa que creó un programa de formación interno y ofreció un *coaching* extensivo para los líderes a todos los niveles. El uso innovador de grupos de debate ayudó a hacer que la intervención tuviera incluso más alcance. Y un apoyo fuerte y visible del CEO y otros miembros del equipo líder reforzó esos esfuerzos. (Para más información sobre el papel de la cultura organizacional, véase el capítulo 11).

En el caso de otros líderes, los esfuerzos para crear una cultura de apoyo de cara al desarrollo de la inteligencia emocional fueron más modestos pero, sin embargo, importantes. Después de trabajar con un miembro de su equipo para desarrollar la inteligencia emocional, Linda lo llevó a otro nivel cuando empezó a trabajar con todo el equipo como parte de un gran esfuerzo organizacional. Dorothy ayudó a su equipo a cultivar una mayor inteligencia emocional gracias a su forma de trabajar con ellos para resolver conflictos y afrontar otros desafíos personales e interpersonales en su trabajo cotidiano.

Así pues, lo que hizo que los líderes que entrevistamos fueran excepcionales no fue solo su forma de utilizar la inteligencia emocional, sino también su compromiso para ayudar a otros a cultivarla. Los líderes lo consideraron un aspecto fundamental de su trabajo y encontraron muchas oportunidades para hacerlo. Aunque sus esfuerzos tropezaran con cierta resistencia inicial, lo que ocurría a menudo, ellos perseveraron. Y procuraron crear no solo personas emocionalmente más inteligentes, sino también equipos y organizaciones dotados de esta sensibilidad. De esta forma revelaron lo mejor de los demás, lo que, en última instancia, es la mejor manera de utilizar la inteligencia emocional.

Actividad 9.1.
Aprender de un momento aleccionador

¿Alguna vez has vivido uno de esos momentos en los que alguien ha ejercido un gran impacto emocional sobre ti que ha cambiado tu forma de pensar y reaccionar a partir de entonces?

Uno de los autores de este libro vivió uno de esos momentos aleccionadores. Fue breve, tal vez sin importancia para un observador externo, pero tuvo un tremendo impacto en ella cuando más lo necesitaba. Es posible que al lector le haya sucedido: llegar tarde a una cita por un motivo que escapa a nuestro control. Todo empezó cuando su marido se retrasó en su trabajo y no llegó a tiempo a casa para atender a su hijo de tres años. Cansada de todo un día con un niño pequeño y estresada por las emociones y pensamientos negativos que poblaban su mente mientras conducía hacia su clase de meditación (por ejemplo, estoy enfadada con mi marido por hacerme llegar tarde, fue una mala idea, la profesora se enfadará conmigo, pensarán que soy una haragana), la autora sintió temor cuando abrió lentamente la puerta de la sala de meditación. Esperaba ser reprendida por perturbar la clase. Pero sucedió algo que le sorprendió y la cambió. La profesora de meditación, sentada en el suelo, la miró fijamente al rostro y, con una sonrisa, le pidió que entrara y se relajara en el espacio que le habían asignado. ¡La profesora llegó incluso a comentar que la meditación era exactamente lo que había recomendado un médico! Aliviada, la autora ocupó su lugar y se disculpó por llegar tarde. En unos momentos, los duros juicios y conversaciones que se sucedían en su mente se disiparon, lo que le permitió concentrarse en las instrucciones de la profesora. Más tarde, la profesora compartió su experiencia de meditar mientras criaba a sus dos hijos pequeños. La autora mostró un eterno agradecimiento por la empatía y cuidado de la profesora. También aprendió a no criticarse tan duramente a sí misma y a los demás, y aún intenta practicar la meditación, ¡algo no siempre fácil!

Por lo tanto, ha llegado la hora de que pienses en un momento en el que un individuo tuvo un impacto positivo en tu desarrollo emocional.

- ¿Cómo ocurrió?
- ¿Qué destacas del momento?
- ¿Qué impacto tuvo en ti?
- ¿Qué lo convirtió en un momento aleccionador?

Y así como este capítulo versa sobre ayudar a los demás a aprender y desarrollar su inteligencia emocional, ¿cómo podrías utilizar lo que has aprendido de tu propio ejemplo para crear un «momento aleccionador» para otra persona?

Actividad 9.2.
Crear confianza

La confianza es fundamental para ayudar a las personas a cambiar de una forma emocionalmente inteligente. Los líderes como Linda y Jonathan construyeron una atmósfera de confianza haciendo cosas tales como resistirse al impulso de contraatacar, ser más transparentes, ofrecer un *feedback* sincero y cuidadoso e incluir a otros en conversaciones relevantes, lo que a su vez permitió a su gente convertirse en líderes más fuertes y competentes.

No hay duda de que fomentar la confianza lleva tiempo y puede ser difícil. Paradójicamente, a veces tenemos que confiar en lo que aún no se ha demostrado digno de confianza. Sin embargo, los líderes eficaces quieren comprometerse en el proceso de creación de confianza porque saben que es el único camino para aprovechar realmente el talento, las destrezas y la lealtad de las personas que trabajan con ellos y obtener el tipo de resultados que permiten prosperar a una organización.

El siguiente ejercicio es una oportunidad para reflexionar sobre cómo la confianza opera en tus propias relaciones y descubrir qué factores entran en acción al ayudarte a construir relaciones más eficaces y conectadas.

1. Tómate unos momentos para pensar en una relación (laboral o personal) en la que exista confianza, y piensa en lo siguiente: intenta identificar qué hizo la otra persona para ayudarte a construir esa confianza en ti (por ejemplo, ¿hizo lo que le pedías? ¿Fue capaz de comunicar sus emociones sin despertar inquietud? ¿Compartió una experiencia/historia común contigo? ¿Admitió sus errores?).

2. ¿Qué has hecho tú para construir esa relación de confianza?

3. En tu opinión, ¿qué factores destruyen la confianza o la dificultan? (Para ayudarte a responder a esta pregunta, tal vez te convenga recordar una relación en la que había muy poca confianza).

4. ¿Alguna vez has tenido una relación en la que fuera necesario reconstruir la confianza? ¿Por qué sucedió?

La confianza refuerza las relaciones positivas, y las relaciones positivas producen un futuro mejor. Dado que muchas cosas escapan a nuestro control, a la hora de desarrollar una mayor confianza con una persona (o grupo) en el futuro, ¿qué es lo que sí cae bajo tu control?

10. Virtuosismo emocional

El uso simultáneo de muchas estrategias

En cada uno de los capítulos anteriores hemos descrito cómo los líderes relevantes de nuestro estudio utilizaron *una* de las estrategias de inteligencia emocional. Sin embargo, normalmente los líderes recurrieron a varias estrategias para afrontar una oportunidad o un desafío crítico. Y la forma en que las combinaron fue tan importante en su éxito como su capacidad para utilizar una estrategia individual específica. En este capítulo examinaremos cómo los líderes lo hicieron en diversos incidentes concretos.

Tom: «¿Qué demonios voy a hacer?»

Empezamos este libro con la historia de Tom, que, en tanto joven ingeniero y nuevo líder de equipo en una gran empres siderúrgica, tuvo que hacer frente a un aluvión de críticas en una reunión con un cliente importante una semana después de asumir su nuevo puesto. No estaba preparado para saber que su equipo era «malo en todo». Pensó: «Dios mío, ¿qué demonios voy a hacer?». Junto al temor, también apareció el enfado hacia su equipo: «Pensé en cómo se habían comportado durante un tiempo y pensé: "¿Qué es lo que habéis estado haciendo?"». Por lo tanto, al principio Tom tuvo que gestionar sus propias emociones.

Tom empezó utilizando la *Estrategia 3* (*Considera hasta qué punto tu propia conducta influye en los demás*). Recordó algo que le había sucedido anteriormente y en lo que solía pensar con frecuencia: «No se puede reaccionar visceralmente cada vez que sucede algo, porque asustaremos a los demás». Esta estrategia de inteligencia emocional ayudó a Tom a gestionar sus emociones en la reunión, pero solo fue el primer paso en un proceso.

Tom también utilizó la *Estrategia 6* (*Reformula tu forma de pensar en la situación*), recordándose a sí mismo que el mundo es *confuso y complejo*. Esta situación era una confirmación de esa verdad básica. También recordó que parte de su trabajo como ingeniero y directivo consistía en abordar situaciones complejas y descubrir cómo solucionarlas. En cuanto Tom modificó su forma de pensar en la situación y en su papel, empezó a sentirse más tranquilo y fue capaz de *concentrarse en la tarea inminente*, otra estrategia que le ayudó a sentirse aún menos inquieto.

En cuanto desapareció la agitación emocional inicial de Tom, pudo avanzar hacia la siguiente fase del proceso, que consistía en gestionar las emociones de los otros representantes de la otra empresa. Esto exigía que atendiera no solo a lo que ellos decían, sino también a sus emociones. Lo consiguió gracias a la *Estrategia 4* (*Ponte en la piel de los demás*). Les dijo a los representantes: «Si yo fuera vosotros, entendería que prescindierais de nosotros como proveedores». Estas palabras empáticas y sorprendentes también se basaban en la *Estrategia 7* (*Crea límites interpersonales óptimos*). Contribuyó a romper el rígido límite interpersonal entre los miembros de la otra empresa y Tom y su equipo. Les demostró que los había escuchado, y él comprendió hasta qué punto ellos estaban molestos con la situación. Tom concluyó con una nota positiva al añadir: «Pero si nos dais la oportunidad de arreglar estos problemas, os garantizo que el año que viene no tendremos una reunión de este tipo» (otro uso de la *Estrategia 6: Reformula tu forma de pensar en la situación*). Las emociones son contagiosas, y la convicción de Tom de que la situación iba a mejorar, planteada de forma correcta justo después de reconocer la seriedad del problema, le ayudó a convencer a los representantes de la empresa a la hora de concederle otra oportunidad a él y a su equipo.

Cuando Tom se reunió con su equipo al día siguiente, para analizar y decidir qué hacer a continuación, volvió a usar algunas estrategias de inteligencia emocional. El aspecto más importante es que *no culpó a nadie*; por el contrario, adoptó una *actitud inquisitiva* y se *concentró en la tarea inminente* (tres reformulaciones – *Estrategia 6*). Aunque algunos miembros del equipo se quejaron de que la empresa y su anterior jefe los habían decepcionado, Tom resistió el impulso de interrumpirlos y echarles la culpa. Tal como señaló: «Mi objetivo no era agredir a nadie». En cambio, se limitó a escuchar. Volvió a utilizar la estrategia de *ponerse en la piel del otro* y reconoció que el equipo estaba tan molesto como él y que necesitaba una oportunidad para descargar sus emociones. Cuando percibió que se habían desahogado lo suficiente, utilizó otra reformulación: *se centró en los objetivos y tareas inminentes al decir*: «Muy bien. ¿Qué podemos hacer para arreglarlo?».

La forma en que Tom utilizó su inteligencia emocional siguió un cierto patrón, que recogemos en el Cuadro 10.1. Evidentemente, en situaciones reales el proceso es más complejo. En lugar de una progresión lineal simple desde la percepción, la comprensión y la gestión de las propias emociones a la percepción, comprensión y gestión de las emociones ajenas, probablemente se trate de un proceso con muchos vaivenes. Tom podía haber pensado primero en sus propias emociones y, después, haberse detenido a pensar en las emociones de los demás; luego pensó en cómo controlar la dinámica emocional, para a continuación centrarse en considerar por qué se sentía así, y así sucesivamente. Sin embargo, creemos que el patrón general consistió en percibir y pensar primero en las emociones y, luego, concentrarse en actuar para desplazar esas emociones en una dirección que ayudara a Tom a afrontar la situación con eficacia. Por otra parte, aunque Tom oscilaba entre sus sentimientos y los de los demás, la tendencia general fue centrarse más en comprender y gestionar sus propias emociones y, a continuación, en cuanto se sintió más tranquilo, concentrarse en comprender y gestionar las emociones de los demás.[139]

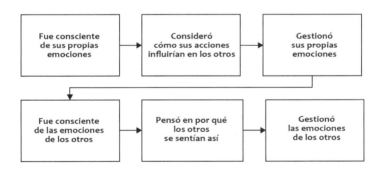

Cuadro 10.1. Cómo Tom combinó las habilidades de inteligencia emocional.

Cynthia: «¡Esto está realmente bien! Decidme cómo lo habéis hecho»

Cynthia, CEO de una empresa de ingeniería con más de 150 empleados, ofreció otro ejemplo de cómo un líder combinó hábilmente diversas estrategias de inteligencia emocional. Nos explicó con todo detalle cómo la empresa afrontó las consecuencias de despedir al 10% de sus empleados durante el momento más duro de la recesión de 2008 (véase el capítulo 1). Incluso antes de anunciarlo, habló con todos los directivos para «evaluar su situación emocional al respecto» (*Estrategia 1: Monitoriza el clima emocional*). Algunos de ellos «estaban de acuerdo». Sin embargo, Cynthia veía que «un par de ellos tenía muchas dificultades». Por lo tanto, se reunió con ellos y planteó la conversación con una mente inquisitiva (*Estrategia 8: Busca la ayuda de los otros para gestionar las emociones*). Cuando una de las directivas dijo: «Esperemos un poco más, realmente siento que no podemos dejar ir a esta persona», Cynthia no intentó discutir con ella. La animó a adoptar una actitud inquisitiva al preguntarle serenamente: «Bueno, ¿puedes hablarme un poco de ello?». Una vez que la directiva tuvo la oportunidad de expresar sus emociones en relación con los despidos y pareció dispuesta a pensar en las opciones y consecuencias, Cynthia señaló amablemente que la persona de la que estaban hablando no tenía ningún trabajo que hacer. Al repasar estos debates, Cynthia admitió que le llevó mucho tiempo utilizar estas estrategias de inteligencia emocional con los directivos reacios, pero que «habría llevado aún más tiempo intentar forzar las cosas, y el resultado habría sido malo».

Cynthia siguió monitorizando el clima emocional en interacciones individuales y reuniones de grupo una vez anunciados los despidos. Las reuniones semanales del grupo directivo eran especialmente deprimentes, ya que se acumulaban las malas noticias. Cuando Cynthia monitorizaba el clima emocional y su impacto en el grupo, advirtió que los miembros del equipo abandonaban la sala, al final de cada reunión, «con caras largas». Ella entendía que las emociones –en especial las de los líderes de un grupo– eran contagiosas. Por lo tanto, en la siguiente reunión señaló al equipo lo que había observado y les alentó a intentar parecer menos preocupados en el futuro, cuando las reuniones tocaran a su fin y se marcharan de la sala (*Estrategia 3*: *Considera hasta qué punto tu propia conducta influye en las emociones de los demás*).

Sin embargo, es difícil expresar emociones positivas con eficacia si uno no las experimenta sinceramente, por lo que Cynthia buscó la manera de elevar el estado de ánimo del grupo directivo durante sus reuniones. Tras muchas semanas de informes financieros negativos, en una de las reuniones el grupo supo que la empresa había superado el objetivo semanal de ingresos. Sin embargo, Cynthia percibió que el equipo se tomaba las noticas «sin grandes emociones» y pasaba al siguiente punto de la agenda. Pero ella los detuvo y dijo: «¿Sabéis? ¡Esto está realmente bien! Decidme cómo lo habéis hecho» (*Estrategia 6*: *Reformula tu forma de pensar en una situación*). Y funcionó. Cuando los miembros del equipo le explicaron cómo lo habían conseguido, ella notó que «el éxito iluminaba sus rostros».

Cynthia también utilizó la *Estrategia 2* (*Expresa tus emociones para motivar a los demás*) en diversos momentos del proceso de despidos y después. Por ejemplo, después de los anuncios de los despidos, celebró una reunión crucial con el resto de los empleados, en la que expresó su propia tristeza en relación con las medidas que había que adoptar, e hizo saber que estaba disponible para quien quisiera reunirse con ella a título individual.

Como Tom, Cynthia utilizó muchas estrategias de inteligencia emocional para ayudar a su organización a afrontar las emociones asociadas a un gran desafío. En su caso, monitorizar el clima emocional fue el fundamento y el punto de partida. Ser consciente de la reacción de los empleados individuales condujo al uso de una o más estrategias de inteligencia emocional para ayudarse a sí misma y a los demás a comprender y gestionar mejor sus sentimientos. Este proceso aparece en el Cuadro 10.2.

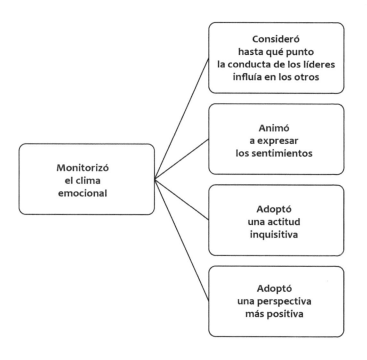

Cuadro 10.2. Cómo Cynthia combinó las estrategias de inteligencia emocional.

Harold: «¿Dónde diablos me estoy metiendo?»

Harold, CEO de una gran cadena de supermercados, también empleó muchas de las estrategias de inteligencia emocional cuando gestionó dos transiciones de liderazgo durante su carrera (véanse los capítulos 2 y 5). La primera tuvo lugar cuando era CEO de su empresa. En ese momento, fue el primer miembro ajeno a la familia en acceder a la posición dirigente en la larga historia de la empresa; y su predecesor, que había sido CEO muchos años, era «una especie de leyenda». Las presiones sobre Harold eran enormes. Aún recordaba su asistencia a la celebración de la jubilación de su predecesor, un acontecimiento muy emotivo y al que asistieron más de 2000 empleados, y pensó: «¿Dónde diablos me estoy metiendo?».

Harold empezó gestionando sus propias emociones. Al principio se inspiró en la *Estrategia 6* (*Reformula tu forma de pensar en una situación*), recordándose a sí mismo los aspectos positivos de la situación y lo que tenía a su favor. Descubrió que era especialmente útil recordar que la junta lo había respaldado, y que tenía el apoyo de la mayor parte de los empleados. En cuanto su nivel de estrés disminuyó, Harold fue capaz de ponerse en la piel de los otros y pensar cómo otros miembros de la empresa se sentían respecto a la situación (*Estrategia 4*). Descubrió que muchos empleados tenían «un apego emocional muy especial» a la empresa y «no aceptaban el cambio muy fácilmente», y que les preocupaba hasta qué punto él iba a desafiar la cultura de la empresa. Lo explicó así: «Sabía que no sería aceptado a menos que demostrara una gran reverencia a las tradiciones y valores que hacían que la empresa fuera lo que es» (*Estrategia 3*: *Considera hasta qué punto tu propia conducta influye en las emociones de los demás*). Esta percepción y comprensión empática le ayudaron a *descifrar la dinámica emocional subyacente en la situación* (*Estrategia 5*); basándose en esto, Harold desarrolló un enfoque coherente con su estilo y visión de la compañía pero, a un tiempo, compatible con su cultura empresarial.

La empresa de Harold prosperó bajo su liderazgo, y ocho años más tarde, cuando estuvo listo para retirarse, disfrutó de un amplio apoyo de la junta y de los empleados. No obstante, recordó haber cometido errores durante la transición. Como era alguien con altos estándares respecto a sí mismo, estos errores podrían haber conmocionado la autoconfianza de Harold y perturbado su equilibrio emocional; sin embargo, era un «gran creyente» en la posibilidad de aprender de sus errores. Por lo tanto, en lugar de negar que los había cometido o encogerse de hombros y seguir adelante, Harold adoptó una actitud inquisitiva (*Estrategia 6*: *Reformula tu forma de pensar en la situación*) para aprender de ellos. Y aplicó lo que había aprendido cuando llegó la hora de elegir a su sucesor.

Una de las lecciones más importantes fue que necesitaba la ayuda de los demás (*Estrategia 8*: *Busca la ayuda de los demás para gestionar las emociones)*. Lamentó no haber «creado una red de confidentes con los que poder hablar» cuando se convirtió en CEO. No había nadie para ayudarlo a comprender las cosas o llevarle la contraria. Por lo tanto, decidió que, cuando le tocara elegir a un sucesor, tendría a alguien a quien consultar regularmente. Recurrió a una psicóloga organizacional que había trabajado con la empresa en el pasado. Ella le ayudó a superar los retos y a planificar cada fase del proceso. Con su ayuda, todo fue mucho más fluido que cuando a él le tocó acceder al puesto directivo. En concreto, la delicada dinámica emocional que implicaba a los candidatos internos que no consiguieron el trabajo fue mejor gestionada.

Así pues, Harold recurrió a cierto número de estrategias de inteligencia emocional como ayuda para afrontar los desafíos emocionales de la sucesión al liderazgo. El Cuadro 10.3 ofrece una representación de cómo orquestó estas estrategias.

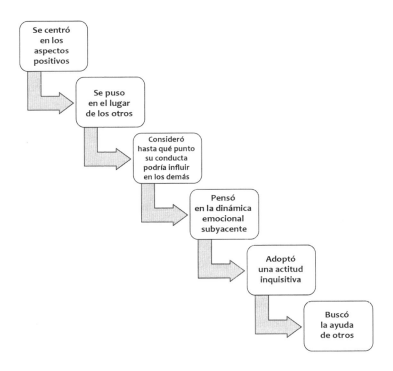

Cuadro 10.3. Cómo Harold combinó las estrategias de inteligencia emocional.

Karen: «Ella estaba muy muy enfadada»

Muchos de los líderes utilizaron la reformulación (*Estrategia 6*) para gestionar sus emociones y las de otros, pero normalmente la combinaron con otras muchas estrategias. Karen, gerente de servicios de alimentación, usó casi todas las estrategias de inteligencia emocional de que disponía para tratar con una empleada que acusó falsamente a la empresa de violar las regulaciones sanitarias y de seguridad federales (véanse los capítulos 3, 6 y 7). Empezó por acotar qué empleado era el acusador. Por suerte, Karen había estado *monitorizando estrechamente el clima emocional del grupo* (*Estrategia 1*) y descubrió un cambio en la conducta de una empleada: una mujer que normalmente era extrovertida y amigable, pero que desde hacía un tiempo era reacia a hablar, se mostraba «errática» en su conducta y «nerviosa ante cualquier cosa».

En cuanto Karen creyó saber quién había realizado la falsa acusación, se enfadó; de hecho, dijo que quiso ¡«estrangularla»! Sin embargo, reconoció que expresar su ira de manera tan intensa podría resultar contraproducente. «Di un paso atrás y me di cuenta de que era completamente inapropiado para mí actuar desde la ira, el enfado o la frustración, porque así no sería capaz de identificar el problema. [*Estrategia 3*: *Considera hasta qué punto tu propia conducta influye en las emociones de los demás*]. Y creo que parte de mí pensaba que esto podría estar relacionado con un problema personal que tenía la empleada, y que con un diálogo abierto podría ayudar con este problema».

Dada esta situación, la primera tarea para Karen fue gestionar su ira. Para ello empleó dos técnicas de reformulación (*Estrategia 6*). En primer lugar, *se negó a repartir culpas* y se recordó que las influencias circunstanciales podían contribuir a la conducta de la mujer. Para determinar cuáles podrían ser y reducir su ira, Karen *adoptó una actitud inquisitiva*. Concertó una reunión con la empleada, no para acusarla o amonestarla, sino para saber qué estaba pasando en su vida. Lo consideró un encuentro para hacer aflorar la verdad, y mantuvo una actitud amistosa, empática e interesada.

Al principio, la empleada respondió bruscamente, con respuestas monosilábicas y sin dar explicaciones. Sin embargo, cuando Karen le preguntó si estaba lista para las vacaciones, de repente la mujer estalló: «Empezó literalmente a gritarme que este año no podría irse de vacaciones y que si yo lo comprendía». Karen mantuvo su tono sereno y empático y replicó: «No, no lo comprendo, pero las vacaciones son duras para mucha gente» (*Estrategia 2*: *Expresa tus emociones para influir en los demás y desarrollar relaciones más positivas*). En ese momento, la empleada «se derrumbó completamente, llorando, y señaló que a su marido le habían diagnosticado cáncer y que no podía comprender por qué eso les estaba pasando a ellos».

Uno de los objetivos de Karen durante la conversación era derribar la rígida barrera interpersonal que se había erigido entre ella y su empleada, y su persistencia, paciencia y empatía la ayudaron a conseguirlo (*Estrategia 7*: *Gestiona las emociones trabajando con los límites interpersonales*). Ahora, la empleada estaba dispuesta a compartir más información con Karen. Explicó que su marido y ella se habían distanciado de sus parientes cercanos y que no tenían amigos íntimos. Además, no habían recibido una información clara por parte de los médicos.

En ese momento, Karen pudo ponerse en el lugar de la empleada y entender su situación (*Estrategia 4*): «Entendí que ella y su marido no comprendían lo que aquello implicaba y que lo consideraban

como una sentencia de muerte. Y ella estaba muy muy enfadada».
En cuanto comprendió la situación de la empleada, Karen pudo
determinar por qué había realizado la falsa acusación: «En aquel
momento, mi ira hacia ella se desvaneció porque entendí de dónde
procedía. Estaba enfadada con la vida y no encontraba salida para
ese malestar. Supe que presentó la denuncia [contra nuestra empresa]
para dar salida a su ira» (*Estrategia 5: Descifrar la dinámica emocional subyacente en una situación*).

Una vez Karen hubo descubierto cuál era el problema, se mostró
más comprensiva con la empleada y pudo ayudarla a afrontar los
aspectos prácticos y emocionales asociados a la enfermedad; con
ayuda de Karen, la empleada logró el apoyo de otros. «También fue
capaz de recabar información para guiar a su marido en el proceso
que los médicos habían diseñado para él, y llegó al punto en el que
tanto ella como su marido fueron capaces de plantear preguntas».
Del mismo modo, centrarse en las tareas prácticas inmediatas ayudó
a Karen a gestionar sus propias emociones, así como a que la empleada administrara mejor las suyas.

Por otra parte, Karen utilizó la *Estrategia 9* (*Ayuda a otros a
desarrollar sus habilidades de inteligencia emocional*): «También
mencioné cómo su comportamiento había sido un poco errático y
cómo se enojaba por cosas pequeñas, no entendía las instrucciones,
etcétera. Y ella replicó: "Definitivamente, está relacionado con mi situación. Estoy tan tensa que cualquier cosa me saca de mis casillas"».

Karen también tuvo que lograr que sus directivos emplearan más
inteligencia emocional a la hora de gestionar la situación. Explicó
que, al principio, ellos querían despedir a la mujer. Sin embargo,
Karen les ayudó a responder de una forma emocionalmente más
inteligente (*Estrategia 9*). Les dijo lo siguiente: «No, no vamos a

hacer eso. Vamos a mejorar su situación y con suerte volverá a ser la empleada productiva que era antes». Una de las razones por las que Karen pudo gestionar las reacciones emocionales de su equipo directivo se hallaba en que previamente había buscado la ayuda del departamento de Recursos Humanos. Tal como explicó: «Sabía que el equipo directivo se iba a mostrar hostil, así que primero fui a Recursos Humanos y les conté lo que pasaba. Así, cuando comuniqué a mi equipo directivo: "No podemos hacer eso", sabía que iban a escuchar lo mismo por parte de RR.HH.» (*Estrategia 5*: *Descifrar la dinámica emocional subyacente en la situación*).

Sin embargo, seguía pendiente el tema de las infracciones y multas que la denuncia de la empleada había ocasionado a la empresa. Al principio, muchos intentaron disuadir a Karen de recurrir las multas: «En la industria alimentaria son muchos los que dicen "En cuanto la OSHA [Administración de Sanidad y Seguridad Ocupacional, por sus siglas en inglés] lo considera una infracción, se acabó, no te van a escuchar"». Incluso los directivos de Karen eran reacios a luchar por ello. Pero ella sentía muy intensamente que habían sido acusados de manera injusta, y los convenció para presentar un recurso en los tribunales. Y ganaron.

Al recordar aquella victoria, Karen dijo: «Creo que mi pasión y determinación, y el hecho de que los cargos no eran legítimos, nos ayudaron a ganar». También señaló que ella fue especialmente eficaz al presentar el recurso porque «intenté ponerme en la piel de los inspectores [*Estrategia 4*]; y la experiencia de estar con ellos en el tribunal me resultó muy objetiva, profesional, rigurosa y completa. Y cuando todo acabó no hubo malas sensaciones; de hecho, me indicaron que yo tenía razón y apreciaron mi exhaustividad».

Los logros de Karen ilustran, una vez más, que los líderes relevantes utilizan más de una estrategia de inteligencia emocional a la hora de afrontar un desafío. Este uso complejo de diversas estrategias de inteligencia emocional se resume en los Cuadros 10.4a y 10.4b.

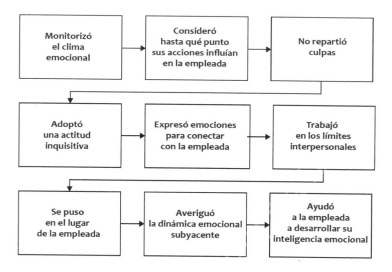

Cuadro 10.4a. Cómo Karen combinó las estrategias de inteligencia emocional al trabajar con la empleada.

Conclusión: tantas formas de combinarlo

En este capítulo hemos visto que el liderazgo eficaz depende de cómo los líderes combinan y aplican las estrategias de inteligencia emocional al enfrentarse a diferentes situaciones. Aunque los líderes combinaron diversas estrategias, tendieron a utilizar algunas más que otras. Solían decantarse por la *Estrategia 3* (*Considera hasta qué punto tu propia conducta influye en las emociones de los demás*); 22

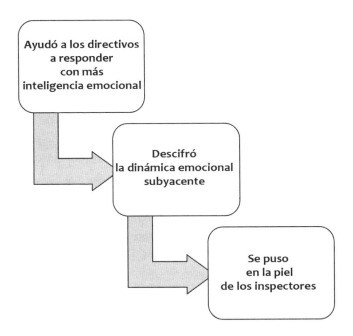

Cuadro 10.4b. Cómo Karen combinó estrategias de inteligencia emocional al trabajar con sus directivos y con la agencia federal.

de los 25 líderes de nuestro estudio recurrieron a esta estrategia en 35 incidentes diferentes. En este capítulo, vimos cómo Tom utilizó esta estrategia para recordarse a sí mismo que «reaccionar visceral-mente», al ser objeto de críticas por parte del principal cliente de su empresa, tendría un impacto negativo. Cynthia utilizó la misma estrategia para darse cuenta de que su equipo directivo necesitaba concluir sus reuniones semanales con un estado de ánimo menos deprimido. En el caso de Harold, la estrategia le ayudó a asumir el cargo de CEO al recordarle que sus actitudes hacia las tradiciones y valores de la empresa quedarían reflejadas en su comportamiento, que influiría poderosamente en la respuesta de los empleados hacia él. Y Karen, como Tom, se dio cuenta de que tenía que modular su ira hacia la empleada que acusó falsamente a su empresa cuando se reunió con ella para resolver la situación de una forma positiva. Independientemente de las estrategias utilizadas, comprender que su conducta influía en las emociones de los demás resultó clave en estos incidentes críticos.[140]

Los líderes no solo emplearon diferentes estrategias en cada incidente, sino que las combinaron de muchas formas. Tom empezó siendo más consciente de sus emociones, siguió con la comprensión del impacto de esas emociones y terminó con un intento exitoso por gestionarlas. Otros líderes también siguieron este patrón en muchos de los incidentes.[141] Pero no siempre fue así. Por ejemplo, a veces los líderes gestionaban sus emociones *en primer lugar*. Entonces, en cuanto se sentían más serenos y menos inquietos, podían empezar a comprender mejor la dinámica emocional.

El proceso de uso de las estrategias de inteligencia emocional tampoco fue lineal. Los líderes podían utilizar muchas veces una estrategia de inteligencia emocional específica en las diversas fases de un incidente. Karen y Tom, por ejemplo, demostraron cómo los líderes regresaban muchas veces a la gestión de las emociones durante el transcurso de un incidente. Y monitorizar el clima emocional fue una estrategia que los líderes solían usar de forma ininterrumpida.

Por último, sería muy simplista asumir que los líderes pensaban conscientemente en cómo estaban aplicando las diversas estrategias en un incidente. A veces eran capaces de reconocer las estrategias mientras describían los incidentes durante nuestras entrevistas, como cuando Karen mencionó su intento de ponerse en la piel de los inspectores en la audiencia de apelación. Sin embargo, esto ocurría a posteriori. Fue más tarde cuando los líderes echaron la vista atrás y fueron conscientes de algunos de los pasos del proceso y cómo encajaban entre sí.

11. Crear un contexto social de apoyo a la inteligencia emocional

La inteligencia emocional de un líder influirá en su forma de aplicar las estrategias de inteligencia emocional a la hora de afrontar con eficacia los grandes desafíos y oportunidades. Sin embargo, el contexto social y organizacional a menudo dicta si los líderes podrán usar o no estas estrategias. Hay ambientes que animan a los líderes a utilizar su inteligencia emocional y otros hacen lo contrario. Por suerte, hay muchas maneras en que las organizaciones pueden apoyar el uso de la inteligencia emocional, y muchos ejemplos de cómo hacerlo.

El impacto de la cultura organizacional en el uso de la inteligencia emocional por parte de un líder

La cultura de una empresa es una parte esencial del contexto social que influye en el uso que los líderes hagan de su inteligencia emocional. En el seno de un grupo u organización, las normas sociales premian o castigan la conducta emocionalmente inteligente. Un estudio que examinó la industria de la construcción en Reino Unido descubrió que se trataba de una «cultura de dominio masculino» que valora «los estilos de gestión agresivos».[142] Las entrevistas semiestructuradas con líderes de proyectos revelaron una cultura ocupacional que los disuade de utilizar la inteligencia emocional, aunque muchos de ellos avalaron su importancia.

Otro tipo de organizaciones también consideran que las conductas agresivas y contundentes son señales de fuerza. Valoran más los resultados a corto plazo que a largo plazo, y defienden los fines por encima de los medios. Como señalan Boyatzis y McKee, «se valora la inteligencia, la rapidez y la eficiencia a la hora de cumplir los objetivos».[143] Los logros están sobrevalorados, y la gente «se centra excesivamente en cumplir los objetivos».[144] Alex Soojung-Kim observó: «Con algunas excepciones notables, los líderes actuales consideran el estrés y la sobrecarga de trabajo como un distintivo honorífico, presumen de lo poco que duermen y las pocas vacaciones que se toman, y su reputación como adictos al trabajo está cuidadosamente atendida por los publicistas y las empresas de relaciones públicas empresariales».[145] En semejante entorno, a menudo es difícil que los demás se muestren emocionalmente inteligentes.

Las relaciones de grupo en el seno de la organización también pueden influir en cómo los líderes utilizan su inteligencia emocional. Como señaló Annika Scholl, psicóloga en el Leibniz-Institut für Wissenmedien, en Tubinga, Alemania, la gente tiende a ser más empática con los miembros de su propio grupo.[146] Esto se puede aplicar a todo tipo de grupo, entre ellos los grupos basados en la raza, género, orientación sexual, ocupación, religión, etcétera. Por ejemplo, a un ingeniero le puede resultar difícil empatizar con ingenieras y eso puede producir comentarios inexactos e insensibles respecto a la aptitud de las mujeres para las matemáticas y la ciencia. El efecto de las relaciones intergrupales sobre el uso que los líderes hagan de la inteligencia emocional también se aplica a grupos organizacionales como el márketing y la ingeniería en una empresa de alta tecnología o los departamentos de química y lengua inglesa en una universidad. Como miembros de estos grupos, a los líderes les puede parecer más difícil utilizar su inteligencia emocional cuando tratan con miembros de otros grupos, especialmente si entre ambos grupos ha habido una historia de tensión.[147]

El impacto del estrés en el uso de la inteligencia emocional

El trabajo estresante también puede ser un obstáculo para que los líderes usen su inteligencia emocional: el liderazgo insensible, dictatorial, a veces, es una respuesta a las presiones del trabajo. Cuando aumentan el estrés y la ansiedad, los líderes tienden a tomar medidas drásticas. Al incrementarse su miedo al fracaso, también lo hace su necesidad de controlar. Del mismo modo, los líderes estresados disponen de menos energía emocional para el esfuerzo y el tiempo extra requerido para el liderazgo emocionalmente inteligente.

Cierto número de autores han documentado las relaciones entre el estrés y la conducta emocionalmente menos inteligente en los líderes. Williams examinó muchos estudios que sugerían que los líderes son más egoístas y menos propensos a atender las necesidades de los demás cuando se sienten amenazados. Descubrió que, cuando perciben que están perdiendo el control o el respeto de los demás, los líderes son más propensos a «atacar».[148] Y Thompson ha dedicado todo un libro a detallar cómo el estrés influye en las habilidades de toma de decisiones de los líderes, así como en su sensibilidad y eficacia a la hora de gestionar relaciones interpersonales.[149]

Boyatzis y McKee han presentado numerosos ejemplos que detallan cómo el uso que los líderes hacen de su inteligencia emocional declina cuando se enfrentan a situaciones estresantes.[150] Tenemos el ejemplo del ejecutivo de servicios financieros que dejó de ser «*cool*, tranquilo y emocionalmente abierto» cuando se tropezó con un elevado estrés debido a las turbulencias en la industria. Otro ejecutivo, que sufrió un elevado nivel de estrés al ser transferido a un puesto especialmente difícil, se volvió más rígido y prestó menos atención a las relaciones. También fue menos consciente de su conducta, emociones e impulsos, y tuvo más dificultades para gestionar sus emociones. Otros líderes fueron menos pacientes, menos diplomáticos y sintonizaron menos con los mensajes culturales. En consecuencia, la gente dejó de confiar en ellos y no quiso frecuentarlos. Cuando estamos sometidos al estrés, el cerebro clausura los circuitos neuronales no esenciales, lo que produce menos apertura, flexibilidad y creatividad.[151] Y las emociones negativas del estrés son contagiosas.

Hay muchos factores que contribuyen a la respuesta de estrés de una persona. Algunos tienen que ver con la personalidad individual e incluyen la inteligencia emocional de cada cual. Sin embargo, los factores del contexto social también influyen en cuánto estrés experimentamos y cómo nos afecta.[152] Aunque la inteligencia emocional nos ayuda a reducir el estrés, un nivel de estrés elevado también reduce la inteligencia emocional disponible para hacerle frente.[153]

Fuentes de estrés para los líderes

Los líderes organizacionales, igual que otros, experimentan muchas fuentes comunes de estrés en sus trabajos, como largas jornadas, inseguridad laboral y falta de equilibrio entre la vida y el trabajo.[154] La presión para lograr resultados, que contribuye a activar muchos de los agentes estresantes, es especialmente elevada en el caso de los líderes, así como el coste que han de pagar si fracasan. Cuando los líderes no cumplen, a menudo afrontan el desengaño y el enfado de los demás. E incluso cuando son capaces de cumplir con las expectativas, para muchos el miedo al fracaso nunca desaparece del todo.

Una de las fuentes más significativas de estrés organizacional es la aparente falta de control y autonomía.[155] En uno de los más grandes estudios sobre el estrés laboral jamás realizados, los investigadores evaluaron el estado de salud de una muestra aleatoria de 8504 trabajadores suecos cualificados durante un periodo de varios años.[156] Durante el estudio, 1937 de los participantes trabajaban en empresas que sufrieron una reorganización. Cuando los investigadores examinaron detenidamente las experiencias de estos trabajadores, descubrieron que a algunos de ellos se les permitió tener cierta influencia en el proceso de reorganización y, en consecuencia, adquirieron un mayor control sobre el trabajo, mientras que otros no influyeron en el proceso y acabaron perdiendo parte del control que tenían sobre su empleo; todo esto supuso un curioso «experimento natural».

Cuando los investigadores se centraron en el nivel de salud de los trabajadores después del cambio, descubrieron que quienes habían conquistado un mayor control estaban significativamente más sanos.[157] Por ejemplo, el 8,6% de los hombres que sufrieron una pérdida de control en sus empleos mostraron signos de dolencia coronaria, frente a solo el 3,4% de aquellos cuya sensación de control aumentó. En otras palabras, los trabajadores con un nivel de control inferior después de la reorganización tenían el doble de probabilidades de mostrar señales de enfermedad cardiovascular en comparación con quienes vieron reforzado su control. El absentismo también era el doble en quienes perdieron control (10,7% frente al 5,0%), así como la depresión (27,8% frente al 13,7%). Los cambios fueron comparables en las mujeres.[158]

Solemos asumir que los líderes gozan de un mayor control que los demás. Sin embargo, como se *espera* que así sea, una aparente falta de control puede ser especialmente estresante. Y no solo los demás esperan que gocen del control necesario para que todo funcione, los líderes también lo esperan de sí mismos.

El impacto del trabajo en el uso de la inteligencia emocional

Un trabajo que consiste en tareas aburridas e inútiles también puede desanimar a los líderes a la hora de usar su inteligencia emocional. Tener que levantarse cada mañana para realizar un trabajo que sentimos insignificante y poco estimulante puede generar un nivel de estrés crónico que podría ser más perjudicial para la salud que unos brotes periódicos de estrés agudo.[159] Y como otras fuentes de estrés, la falta de un trabajo significativo y estimulante puede minar el compromiso y la atención de una persona.

Un ejemplo dramático fue el caso de una joven abogada a la que entrevistamos como parte de un estudio sobre el *burnout* laboral en los nuevos profesionales.[160] Margaret W. había estudiado en una prestigiosa universidad de derecho y estaba destinada a desempeñar un trabajo prestigioso en una gran firma de abogados. Sin embargo, se dedicó a ayudar a los pobres y desfavorecidos: eligió trabajar en un oficina de ayuda legal en un barrio. Para su consternación, descubrió que buena parte de su trabajo diario implicaba deberes administrativos rutinarios que requerían pocas de las destrezas legales que había aprendido en la universidad de derecho. También descubrió que sus esfuerzos rara vez cambiaban la situación de las personas a las que representaba:

> Me pasaba la mayor parte del tiempo al teléfono [...] muchos problemas de seguridad social y bienestar [...]. También dedicaba mucho tiempo a cuestiones rutinarias como cambios de nombre y custodias [...]. Muchas veces ni siquiera se trata de una cuestión legal, pero la persona no sabe lo que está pasando o no saben estarse quietos y esperar [...]. Al principio estaba tan contenta de tener este trabajo que no iba a criticar nada. Sin embargo, hace poco empecé a sentirme mal por hacer toda esa mierda inútil y no afrontar los casos serios.[161]

Después de ocho meses en el trabajo, Margaret había perdido buena parte de su idealismo y compasión. Se quejaba de que muchos de sus clientes le mentían, y confesó que estaba pensando seriamente en irse a trabajar a la oficina del fiscal para poner a algunos de ellos «entre rejas, que es donde deben estar».

Hemos visto este mismo patrón en muchos de los otros nuevos profesionales que hemos estudiado. Empezaron con un gran nivel de idealismo y compasión, pero, después de pasar meses trabajando en un empleo aburrido y poco estimulante, desprovisto de sentido y en el que apenas aplicaban su formación profesional, vieron mermados su compromiso y dedicación. Conservaban su inteligencia emocional, pero apenas la utilizaban.

Cuando nuestra situación laboral nos proporciona un desafío intelectual y experiencias laborales significativas, estamos motivados para utilizar nuestra inteligencia emocional. Otra abogada que entrevistamos, Jean C., tenía una formación y aspiraciones similares a las de Margatet. Jean también trabajó en asistencia legal; sin embargo, su empleo le ofrecía más oportunidades de hacer un trabajo interesante y con un impacto significativo en el sistema. Trabajaba en una rama especializada en reformas legales. Junto a un pequeño grupo de otros abogados especializados, ella dirigía demandas colectivas que tenían el potencial de cambiar la vida de miles de ciudadanos. Y, a diferencia de Margaret, Jean mantuvo el compromiso y la compasión que mostró al principio de su carrera; de hecho, estos no hicieron sino aumentar.

Otra investigación, centrada en medidas más estandarizadas y muestras más amplias, confirmó lo que encontramos en nuestras entrevistas en profundidad con los nuevos profesionales: es más probable que la gente use su inteligencia emocional cuando sus empleos son estimulantes y significativos. Uno de los ejemplos más sorprendentes es, tal vez, uno de los raros estudios longitudinales sobre los valores de la gente y cómo cambian con el tiempo. La investigación empezó con una muestra de 694 hombres en el último año de los estudios universitarios. Los estudiantes completaron un grupo de cuestionarios que evaluaban sus valores relacionados con el trabajo en esa época. Diez años después, los investigadores localizaron a buena parte del grupo original, y el 84% de ellos se mostró dispuesto a completar otro conjunto de cuestionarios, entre ellos uno que evaluaban la naturaleza del ambiente en el que habían trabajado desde que abandonaron la universidad. Los resultados demostraron que los hombres que trabajaron en empleos que representaban un mayor desafío y una oportunidad para el pensamiento innovador se orientaron más hacia las personas.[162] Por lo tanto, la naturaleza del trabajo que los líderes realizan también influye en el nivel de inteligencia emocional que probablemente desplegarán.

Animar a los líderes a utilizar la inteligencia emocional cambiando la cultura

Una cultura empresarial que valora la inteligencia emocional, monitoriza el estrés y procura que los trabajos tengan un significado puede crear un entorno en el que los líderes disfrutarán de la motivación y las oportunidades para utilizar su inteligencia emocional. Las organizaciones también pueden facilitar el desarrollo y uso de las estrategias basadas en la inteligencia emocional que hemos presentado en este libro. Y hay muchas organizaciones que han actuado así.

Un ejemplo era American Express Financial Advisors (AEFA, ahora conocida como Ameriprise), que creó un programa de formación en «competencia emocional» en 1992, tres años antes de la publicación del *besteller* de Daniel Goleman sobre la inteligencia emocional.[163] Todo empezó con una investigación que demostraba que las reacciones emocionales de los asesores financieros a veces influían negativamente en su rendimiento. Se diseñó, entonces, un programa de formación para ayudarles a identificar y afrontar mejor las emociones asociadas a su trabajo. Después de que un riguroso estudio de evaluación demostrara que los asesores que cursaron el programa eran más productivos para la empresa que el grupo que no recibió ninguna formación, se convirtió en una parte habitual de la formación de los nuevos asesores. También se crearon versiones para el programa de desarrollo directivo de la compañía, y con el tiempo hubo versiones para los equipos de ventas regionales y los equipos de gestión en la central corporativa. El desarrollo del programa de Competencia Emocional no solo ayudó a los líderes empresariales a aprender formas emocionalmente inteligentes de dirigir a sus subordinados, sino que contribuyó a crear una cultura más receptiva a la inteligencia emocional en la compañía.

Otra empresa que procuró desarrollar una cultura más abierta a la inteligencia emocional fue TDIndustries, una constructora de titularidad privada instalada en Dallas. Según un informe del *New York Times*,[164] la compañía «ha abrazado un principio conocido como "liderazgo servidor"» y «emplea cierto número de técnicas para asegurar que sus líderes trabajan no para explotar a los empleados, sino para permitirles prosperar». Por ejemplo, cada año «los empleados evalúan a sus supervisores. Se les pregunta si su jefe los trata con ecuanimidad, les ofrece una formación adecuada y los incluye en su equipo. El *feedback* influye en los salarios y promociones de los supervisores». Un jefe que recibe una baja puntuación es sometido a una «supervisión adulta extra». La empresa, «que aparece reiteradamente en la lista anual de los cien mejores centros de trabajo de Estados Unidos según *Fortune*, *considera el liderazgo sensible una cuestión prioritaria* [el subrayado es mío]».

Estrategias específicas para estimular el uso de la inteligencia emocional

Este modelo de organizaciones, y otras como ellas, alientan el uso de la inteligencia emocional por parte de sus líderes de formas diversas. Algunos planteamientos se centran en los individuos y sus trabajos, y otros contribuyen a que la organización en su conjunto

sea receptiva al uso de la inteligencia emocional por parte de sus
líderes. Es habitual que las organizaciones apuesten por la formación de los líderes, y, como hemos visto en el caso del programa de
Competencia Emocional, los programas de formación bien diseñados
e implementados pueden ser muy eficaces.[165] Sin embargo, como
estrategia para ayudar a los individuos a ser emocionalmente más
inteligentes, los programas formales de formación tienen algunas
limitaciones intrínsecas. Por ejemplo, a los alumnos les suele costar
aplicar lo que aprenden a la realidad del día a día en el trabajo. De
hecho, una estimación considera que menos del 10% de las destrezas
aprendidas fuera del centro de trabajo se aplican realmente cuando
los alumnos vuelven a su puesto en la empresa.[166] Hay muchas razones para ello. El tiempo y las exigencias del trabajo alejan a los
líderes de la práctica necesaria para poner a prueba esas habilidades.
Los participantes también pueden experimentar dificultades debido a
la disonancia entre lo que han aprendido en clase y cómo sus organizaciones operan en el mundo real. Y el temor a cometer errores en
una época de control intenso hace que los alumnos de estos cursos
muestren una menor inclinación a probar cosas nuevas.

Más allá de la formación: otras estrategias para fomentar el uso de la inteligencia emocional

Afortunadamente, las organizaciones pueden utilizar otros enfoques,
además de la formación, para animar a los líderes a usar las estrategias de inteligencia emocional. Ya hemos visto cómo la empresa de
ingeniería de Cynthia creó grupos de debate para dar seguimiento a
la formación centrados en el uso de la inteligencia emocional (véase

el capítulo 9). Los grupos tuvieron un gran impacto en parte por la forma en que fueron implementados. En primer lugar, la compañía ya había trabajado con un grupo asesor externo, durante más de un año, para enseñar a los empleados qué era la inteligencia emocional y cómo aplicarla en sus trabajos. En segundo lugar, la formación inicial se impartió al grupo de líderes, que fueron los que participaron en el primer grupo de discusión. Por último, todos los empleados participaron en los grupos, que se celebraban con regularidad. Además, eran dirigidos por Cynthia y otros miembros del equipo de líderes, que recibían formación y un asesoramiento constante por parte de expertos externos. Como resultado, los grupos de debate no solo ayudaron a los individuos a utilizar su inteligencia emocional en muchos escenarios diferentes, sino que también tuvieron un impacto significativo en la cultura empresarial.

Las organizaciones también pueden fomentar el uso de la inteligencia emocional afrontando algunos de los factores que, en el trabajo del líder, contribuyen al estrés. En un artículo reciente en la *Harvard Business Review*, Eric Garton, uno de los socios de Bain & Company, sugirió que una de las fuentes más importantes de *burnout* es la falta de tiempo para el trabajo creativo.[167] Y Daniel J. Levitin, neurocientífico cognitivo y profesor de psicología en la Universidad McGill, señaló que la investigación actual destaca el valor de los descansos y de permitir que la mente divague de forma habitual.[168] No solo fomenta la salud física, sino que también produce una actividad más significativa. Así pues, una forma sencilla pero poderosa de reducir el estrés consiste en reservar tiempo, de forma habitual, para una reflexión libre de distracciones.

David Leonhardt, columnista del *New York Times*, ha sugerido una forma concreta de reservar un tiempo para la reflexión: blinda «una hora a la semana sin reuniones, llamadas de teléfono, *e-mails*, Twitter, Facebook, alertas de móvil ni *podcast*». El teléfono solo suena «si me llama mi mujer», y busca lápiz y papel para anotar las ideas interesantes que surjan en su mente. El objetivo básico es reflexionar sobre la información que ya está en su mente en lugar de seguir recopilando nueva información.[169] Aunque cualquier líder es libre de hacer esto voluntariamente, las organizaciones pueden fomentarlo e incluso crear momentos específicos reservados para que los líderes abandonen todo lo demás y concedan tiempo libre a sus cerebros.

Las organizaciones también pueden reducir el estrés y promover un mayor uso de la inteligencia emocional contribuyendo a acortar la distancia entre los valores personales de sus líderes y su deber en el trabajo. Una forma de hacerlo es permitir que todos los líderes desarrollen nuevos proyectos, programas o funciones que les resulten especialmente interesantes y significativos. Estos proyectos personales podrían constituir una pequeña parte de su trabajo o la totalidad durante cierto periodo de tiempo. Pero, independientemente de la forma que adopte, debería representar una forma única y personal de experimentar, de crear y de tomarse un descanso de actividades más rutinarias; una forma de crear un impacto y dejar huella en el mundo. Y cada cual debe sentir que es su *propio* programa, del que podrá decir: «Este es *mi* programa. Lo he creado desde cero y representa quién soy y quién quiero ser».

Cierto número de compañías han recurrido a esta estrategia como una forma de que los trabajadores redoblen su compromiso, además de cosechar los beneficios de sus proyectos. A veces, esos beneficios son enormes. Google era famosa por su «política del 20%», que permitía a muchos de sus empleados reservar hasta el 20% de su jornada laboral para sus propios proyectos predilectos. (Uno de los resultados más espectaculares fue Gmail). Google terminó por poner fin a esta práctica, pero otras empresas, como LinkedIn, Apple y Microsoft, han creado programas similares. Y no solo las empresas tecnológicas han aplicado esta estrategia. Según un informe, «compañías de todo tipo, desde bancos de inversiones a empresas de publicidad, toleran explícitamente la iniciativa empresarial secundaria».[170]

Dar a los líderes tiempo para realizar sus proyectos personales puede ayudar a crear un clima más receptivo para la conducta emocionalmente inteligente. Pero el ingrediente fundamental consiste en aportar a los líderes la suficiente autonomía y apoyo en sus trabajos, a fin de que perciban que lo que hacen tiene sentido no solo para la organización, sino también para sí mismos y sus equipos.

Además de prácticas innovadoras, como los grupos de discusión y los proyectos personales, las organizaciones también pueden fomentar el uso de la inteligencia emocional a través de sus procesos habituales de gestión de recursos humanos. En el nivel más básico, las empresas pueden incluir en el rol del líder la gestión emocionalmente inteligente de sus subordinados y, a continuación, evaluar de manera explícita su rendimiento en este aspecto, tal como hizo TDIndustries.

Otro proceso de desarrollo de recursos humanos, planificación y evaluación profesional puede limitar el estrés que perjudica a la inteligencia emocional ayudando a los líderes a no olvidar sus valores personales ni los objetivos empresariales. Al hacer la asignación de trabajos, las organizaciones podrían intentar asegurarse explícitamente una buena conexión entre el deber de los líderes y sus conocimientos, habilidades y valores. Además, la contratación y la selección podrían diseñarse para que existiera un buen ajuste entre los valores personales de los solicitantes y las exigencias del trabajo. Estas prácticas de recursos humanos no garantizarán que los líderes apliquen la inteligencia emocional en mayor medida, pero frenarán algunos de los obstáculos, como el estrés, el aburrimiento y la frustración, que desaniman a los líderes a la hora de recurrir a la inteligencia emocional.[171]

Por último, sin embargo, estas diversas estrategias fracasarán a menos que la cultura y las altas instancias de la organización apoyen de manera activa la conducta emocionalmente inteligente. Los líderes principales necesitan utilizar la inteligencia emocional para afrontar situaciones complicadas, y su forma de hacerlo ha de subrayarse en reuniones, boletines informativos, programas de formación y otros medios. El vínculo entre la inteligencia emocional y el balance final debe difundirse por todos los medios posibles.

12. Tomando el control

Hemos afrontado situaciones como las descritas en este libro, y es en esos momentos cuando las nueve estrategias presentadas aquí pueden ayudarnos a asumir esos retos y capitalizar esas oportunidades. La inteligencia emocional no es la única explicación de la eficacia de los líderes relevantes de nuestro estudio. Fue su forma de utilizarla, que normalmente implicaba una o más de esas estrategias de inteligencia emocional.

Algunos principios básicos para utilizar las estrategias de inteligencia emocional

A lo largo de este libro hemos planteado actividades que el lector podrá usar para cultivar y aplicar cada una de estas estrategias de inteligencia emocional. Te ofrecemos algunas pautas para recordarlas cuando realices estas actividades y apliques las estrategias en tu vida laboral (y también personal si así lo deseas).

Tus creencias sobre las emociones y sentimientos marcan una diferencia fundamental. No fueron solo las estrategias las que marcaron la diferencia en las situaciones críticas descritas por estos líderes. Utilizaron estas estrategias con eficacia porque creían que, tanto si les gustaba como si no, las emociones juegan, inevitablemente, un papel destacado en el entorno laboral. Esta comprensión les hizo abrirse y ser más conscientes de sus propias emociones y de las de los demás, y canalizarlas de forma positiva. Reconocieron que los sentimientos no son mero ruido o un obstáculo que debe ser apartado; por el contrario, ofrecieron una información valiosa y motivaron a la gente a hacer un esfuerzo extra. En pocas palabras, dio la impresión de que los líderes respetaban las emociones y buscaban comprenderlas y utilizarlas. Cynthia, CEO de una gran empresa de ingeniería, tal vez lo expresó mejor. En cierto momento, al final de nuestra entrevista, comentamos que las emociones parecen ser «un aspecto fundamental del trabajo», a lo que ella replicó con énfasis: «*Son* el trabajo; el aspecto más relevante y difícil del trabajo consiste en gestionar el elemento emocional».

Para utilizar las nueve estrategias de forma tal que nos ayuden a ser mejores líderes, necesitamos aceptar la proposición de que las emociones ocurren inevitablemente. La gente no puede dejarlas a un lado cuando empieza su jornada de trabajo. Y, por lo tanto, conviene prestarles atención y encontrar una forma positiva de gestionarlas.

Utilizar las estrategias de IE a veces requiere un poco de tiempo extra, pero merece la pena. En cuanto empieces a utilizar estas estrategias, tendrás la impresión de que te ralentizan. En efecto, hacer las cosas con una mayor inteligencia emocional requiere un tiempo y un esfuerzo extra, pero es una buena inversión.

Cuando Cynthia contó su gestión de los despidos en su empresa durante la Gran Recesión de 2008, admitió que hacer las cosas de forma emocionalmente inteligente exigía más tiempo. Pero al examinar a posteriori el proceso, estaba convencida de que merecía la pena. Como señaló durante nuestra entrevista: «Habría llevado aún más tiempo intentar forzar las cosas, y el resultado habría sido malo».

No todas las estrategias de IE funcionarán en cada situación. Un aspecto importante de la inteligencia emocional consiste en saber qué estrategias funcionarán mejor en un momento determinado. Los líderes emocionalmente inteligentes no dependen de una estrategia en particular; como vimos en el capítulo 10, son versátiles a la hora de pasar de una a la otra y mezclarlas. Como señaló Stefan G. Hofmann, investigador sobre las emociones: «Los más emocionalmente inteligentes entre nosotros no se aferran a una única estrategia».[172]

A menudo hay que utilizar repetidamente una estrategia de inteligencia emocional para que tenga un impacto significativo. Emplear una estrategia para afrontar una situación, al margen de lo efectiva que resulte, probablemente no tendrá un impacto duradero y significativo por sí mismo. Una de las tareas más importantes de cualquier líder es crear un clima emocional positivo, y eso implica actuar de cierta manera en muchas situaciones y durante un periodo sostenido en el tiempo. Por ejemplo, cuando Jonathan, vicepresidente en una empresa de productos de atención médica, intentó ayudar a Manny, un ejecutivo valioso pero abusivo, a comportarse con más inteligencia emocional, al principio se encontró con una resistencia considerable (capítulo 9). Manny consideró a Jonathan como un enemigo, no como una fuente de apoyo. Por último, quiso aprender a trabajar de una forma emocionalmente más inteligente. Pero primero Jonathan tuvo que crear una relación más positiva con Manny, y eso requirió el uso de muchas estrategias de inteligencia emocional durante un considerable periodo de tiempo.

Debes estar preparado para cometer errores y no desanimarte por ello. Muchos de los líderes que hemos estudiado nos hablaron de los errores cometidos durante sus carreras, y nos sorprendió cómo reaccionaron a esas situaciones. No se rindieron. A veces necesitaban un poco de tiempo para recuperarse emocionalmente, pero pronto se centraron en lo que podían aprender de los errores e intentaron otro planteamiento.

Algo que les ayudó a insistir y aprender de sus errores fue que evitaron la trampa del perfeccionismo. No esperaban tener siempre la razón; eran conscientes de sus limitaciones y de que inevitablemente cometerían errores. También confiaban en que, por grande que fuera el error, al final todo saldría bien.

Harold, el exitoso CEO de una gran cadena de supermercados, fue uno de los líderes que habló explícitamente sobre la inevitabilidad de cometer errores. Uno de esos errores implicó al predecesor de Harold, que, antes de marcharse, le pidió que promocionara a alguien que «no debería haber sido promocionado». Harold así lo hizo, contra su propio criterio, para conceder a su predecesor «paz mental en su mudanza a Florida». El resultado no fue bueno. Tal como explicó: «Fue una bomba, porque la gente odiaba a esta mujer. Entonces todo explotó y tuve que despedirla, y eso fue muy doloroso para ella y para mí». Harold cometió algún error más durante su primer año en el cargo, pero no esperaba ser perfecto, y aprendió de sus errores.

Sus expectativas respecto a sí mismo seguían siendo altas y aún se sentía mal cuando incurría en un error, pero reconoció que era inevitable. Sabía que la idea del «líder perfecto» era un mito.[173] Evitó la trampa del perfeccionismo, y así fue capaz de perseverar y avanzar cuando cometía un error.[174] Eso hacía más fácil que Harold estudiara sus errores y aprendiera de ellos.

¿Y si una organización no es receptiva a la inteligencia emocional?

Como señalamos en el capítulo 11, a veces las organizaciones desaniman a los líderes a la hora de utilizar su inteligencia emocional. Sin embargo, nuestra investigación sugiere que, si los líderes trabajan en una organización así, a veces podrán emplear su inteligencia emocional para revertir esta situación. Un buen ejemplo fue Karen, responsable de servicios alimentarios, que descubrió que una de sus empleadas había enviado un falso informe al gobierno alegando que su empresa había violado algunas regulaciones de seguridad (véase el capítulo 10). En cuanto descubrió, «no oficialmente», quién era la empleada, tuvo que informar a sus superiores. Como la empleada «no era especialmente querida en las altas esferas», Karen fue consciente de que la querrían despedir de inmediato, pero ella quiso aplicar un enfoque emocionalmente inteligente. Lo recordó así: «Cuando trasladé a mis superiores que sabía quién era la empleada, ellos respondieron: "¡Despídela, ve a por ella!". Y yo respondí: "No podemos hacer eso; ni siquiera podemos confrontarla con el hecho de que hubo una denuncia" […]. Así que logré la confianza de mis superiores para que me permitieran gestionarlo con la persona de forma adecuada». En cuanto Karen habló con la empleada y descubrió que su frustración, la ira y la tristeza ante el reciente diagnóstico de cáncer de su marido le indujeron a plantear falsos cargos, tuvo que informar de ello a sus superiores. Seguían sin mostrarse comprensivos. Dijeron: «Bueno, es una vergüenza, vamos a encontrar una forma de librarnos de ella». Karen replicó: «No, no vamos a hacer eso. Vamos a ponerla en un puesto mejor y esperemos que vuelva a ser la empleada productiva que era antes». Al recordar aquello, Karen dijo: «Iba en contra de los deseos de mis superiores, pero ellos estaban perdiendo los papeles y, de todos modos, no podíamos hacer lo que querían».

Cuando preguntamos a Karen más detalles sobre cómo fue capaz de conseguir el apoyo de sus superiores, contó lo siguiente: «Por suerte, tenía el apoyo del departamento de Recursos Humanos. Anticipándome a la reacción negativa de la dirección, expliqué primero la situación a Recursos Humanos. Y cuando les dije a mis superiores: "No podemos hacer eso", sabía que ellos iban a escuchar exactamente lo mismo por parte de Recursos Humanos. Así que tuve que prepararme y visitarlos primero a ellos, y conseguir su apoyo antes de hablar con personas cuya hostilidad ya preveía». En este incidente, Karen utilizó su conocimiento de las reglas y procedimientos que gobiernan las relaciones laborales, así como cierta ayuda de sus contactos en el departamento de Recursos Humanos, para vencer la oposición de sus superiores a usar un enfoque dotado de una mayor inteligencia emocional.[175]

Cuando es posible, suele ser una buena idea que los líderes respeten y se adhieran a la cultura dominante a fin de granjearse credibilidad y confianza. A veces, esta credibilidad permitirá a los líderes actuar de una forma que muchos consideraran contracultural.[176] Uno de los líderes de nuestro estudio que demostró cómo funciona esto fue Julia, vicepresidenta de Recursos Humanos en una multinacional. En el capítulo 7 describimos cómo llevó a cabo una reunión de integración de equipos con un grupo de vicepresidentes de ventas que habían trabajado bien en el pasado, pero que ahora no se soportaban. Lo que hizo, y cómo lo hizo, fue algo muy inusual en la empresa: «Era una empresa donde solo importaban las cifras. Nadie hablaba nunca de sus emociones. Pero yo quería apelar a los sentimientos. El problema no eran las cifras de ventas ni las gráficas». Así pues, Julia inició la sesión sentando a los miembros del equipo en un círculo, sin una mesa delante, y preguntándoles: «¿Cómo os sentís al pertenecer a este equipo?».

Al recordar la sesión, Julia reconoció que «aquello era muy arriesgado porque se trataba de un grupo de personas que jamás hablaban de sus emociones. Puse la silla en medio de la habitación, como Oprah, y vi que todos estaban pensando: "¿Adónde quiere ir a parar?". Era arriesgado». Incluso sentar al equipo en un círculo era considerado como un punto de partida amenazante y alejado de la norma.

Sin embargo, a Julia se le permitió hacer lo que hizo porque había estado trabajando con el grupo como persona designada durante un tiempo, y solía participar en sus reuniones. Por lo tanto, el equipo tuvo la oportunidad de conocer a Julia y saber que normalmente respetaba sus normas. En consecuencia, llegaron a confiar en ella. El jefe del equipo, que era director de ventas para toda la compañía, también confiaba en Julia. Había hablado con ella durante un tiempo sobre lo que le pasaba al equipo y cómo «el grupo se estaba separando». Julia lo explicó así: «Normalmente yo le explicaría cualquier cosa que hubiera planeado, le mostraría el PowerPoint y otros elementos, pero en esta ocasión le dije: "Confía en mí". Y lo hizo».

La intervención de Julia con el equipo fue eficaz, pero no lo habría conseguido de no haber sido considerada una profesional responsable y concienzuda. En esta ocasión, su reputación como alguien que respetaba la cultura empresarial le permitió hacer algo que se alejaba drásticamente de las normas.[177]

Algunas pautas para garantizarse el apoyo de la organización

Estos ejemplos, junto a otros que hemos oído, apuntan a tres pautas que los líderes pueden seguir de cara a asegurarse el apoyo organizacional para una conducta emocionalmente inteligente. En primer lugar, utiliza tu competencia emocional y social para crear relaciones positivas con actores clave en la toma de decisiones y miembros de grupos poderosos, de manera que se te considere un miembro leal, positivo y digno de confianza en la organización. En segundo lugar, utiliza tu inteligencia emocional para gestionar las emociones que podrían despertarse, como la justa indignación o el miedo a perder la estima de los otros, mientras tomas la iniciativa y desafías al sistema. Y, en tercer lugar, aprende las reglas y regulaciones relevantes para utilizarlas como influencia añadida. Busca la ayuda de personas entendidas, como el personal de recursos humanos, si es necesario.

Conclusión

En este libro hemos sugerido que la inteligencia emocional puede jugar un papel importante cuando los líderes afrontan oportunidades y desafíos críticos. Sin embargo, lo que más importa es cómo *usan* su inteligencia emocional. La habilidad para detectar cómo alguien se siente a partir de su expresión facial no verbal es útil pero no suficiente. Incluso una capacidad para empatizar con otros tendrá un valor limitado a menos que uno sepa cómo utilizar esa empatía para apoyar e influir en los demás, y el contexto social apoya actuar así. Hemos presentado nueve estrategias, basadas en la inteligencia emocional, que un grupo de líderes relevantes utilizó para afrontar situaciones críticas. Son estrategias que otros también pueden utilizar. Y creemos que hacerlo derivará, en última instancia, en individuos y organizaciones más saludables, felices *y* eficaces.

Apéndice A

Líderes que participaron en la investigación

Nombre*	Escenario empresarial
Aaron	CEO de una empresa de construcción
Amy	Directora de un centro preescolar
Bruce	Supervisor de distrito escolar suburbano
Charles	Propietario de un negocio familiar
Clarence	Jefe de distrito para una agencia estatal de servicios de protección a la infancia
Cynthia	CEO de una empresa de ingeniería
Diane	Directora de formación de liderazgo corporativo para una gran cadena de hoteles
Doreen	Directora de escuela infantil
Dorothy	Directora ejecutiva de una pequeña agencia de servicios sociales sin ánimo de lucro
Harold	CEO de una gran cadena de supermercados
James	Vicepresidente senior en una importante consultoría
Jeffrey	Presidente de una universidad privada
Jonathan	Vicepresidente de Recursos Humanos en una empresa de suministros médicos
Julia	Vicepresidenta de Recursos Humanos corporativos en una gran empresa farmacéutica
Karen	Jefa de distrito en una gran empresa industrial de servicios alimentarios

*   Todos los nombres son pseudónimos.

Linda	Directora y vicepresidenta de desarrollo de productos en una gran empresa textil
Martha	Fundadora y directora ejecutiva de una pequeña agencia de servicios sin ánimo de lucro
Mary	Vicepresidenta de Recursos Humanos en una gran empresa de materiales y productos químicos
Michael	Presidente de una empresa de productos agrícolas
Ronald	Director de una escuela secundaria privada y religiosa
Ruth	Directora de planificación de ventas y operaciones en una gran empresa textil
Sam	Director ejecutivo de un gran centro sanitario residencial
Sondra	Jefa de distrito para una agencia estatal de servicios de protección a la infancia
Tom	Director de operaciones de una gran empresa siderúrgica
Yolanda	Directora de desarrollo del liderazgo en una gran empresa textil

Apéndice B

Método de investigación

Este libro se basó en un estudio centrado en analizar cómo destacados líderes empresariales piensan y utilizan la emoción en situaciones críticas. Los datos procedían, fundamentalmente, de 25 entrevistas de incidentes críticos en diversos escenarios. El objetivo era explorar cómo los líderes utilizaron y gestionaron las emociones en el trabajo en el día a día.

Los líderes procedían de diversas organizaciones, entre ellas grandes empresas farmacéuticas y siderúrgicas, asesorías de arquitectura e ingeniería de tamaño medio, y negocios propiedad de la familia. También provenían de escuelas suburbanas; escuelas de primaria privadas; grandes agencias estatales de ayuda social, y pequeños programas de servicios sociales sin ánimo de lucro y basados en la comunidad. Entre los líderes se contaban jefes de nivel medio, ejecutivos senior y CEO. Poco más de la mitad (13) eran mujeres. Además, dos eran afroamericanos, uno asiático americano y el resto eran blancos. Una lista de los pseudónimos de los líderes, puestos y centros de trabajo se puede encontrar en el Apéndice A.

Los líderes fueron seleccionados a partir de candidaturas propuestas por consultores de gestión, *coaches* ejecutivos y otros líderes que los conocían bien. Les pedimos que sugirieran líderes que fueran «eficaces y parecieran utilizar y gestionar especialmente bien las emociones». La lógica para elegir así a los líderes tiene que ver

con que queríamos una muestra de individuos con más probabilidades de utilizar la inteligencia emocional en muchas situaciones.
Cinco de los líderes nominados decidieron no participar en la investigación (una tasa de respuesta positiva del 83%).

Las entrevistas duraron entre 45 y 90 minutos y el audio fue
registrado con el consentimiento de los líderes. Veinte se hicieron
en persona y cinco, por teléfono. Los autores realizaron 20 de las
entrevistas; dos estudiantes de doctorado en psicología,[178] formados
y supervisados por el primer autor (Cherniss), realizaron las otras
cinco entrevistas.

Las entrevistas se basaron en el método de eventos de conducta,
que fue adaptado a partir de la técnica del «incidente crítico».[179]
Después de reunir alguna información sobre la historia laboral y el
trabajo actual del líder, el entrevistador preguntaba: «Ahora me gustaría que te tomaras un minuto para pensar en dos o tres incidentes
recientes en los que has gestionado o utilizado la emoción –la tuya y
la de otros– para abordar un problema o alcanzar un objetivo (pausa)
[…]. Bien, ¿puedes describírmelos?». En la mayoría de los casos,
los entrevistadores enviaron previamente esta pregunta fundamental a los participantes para que tuvieran la oportunidad de pensar en
ella. En cuanto el líder describió el incidente, y después de que el
entrevistador formulara preguntas para llenar cualquier vacío en la
historia, recurrió a una serie de ítems de investigación para obtener
más información sobre cómo el líder utilizó algunas de las principales habilidades de inteligencia emocional: a) identificar emociones,
propias y ajenas; b) expresión de emoción; c) utilizar emociones
para fomentar el pensamiento; d) comprender las emociones (por
ejemplo, una idea de por qué la gente reaccionó como lo hizo); e)
gestionar las propias emociones, y f) gestionar las emociones de

otros. Por ejemplo, después de que un líder describiera un incidente, el entrevistador podría preguntar: «¿Recuerdas cuando la otra
persona hizo x?», y luego seguir con «¿Cómo crees que expresaste
esos sentimientos?» y «¿Cuál fue su impacto?».

Quince de las entrevistas se transcribieron por completo; en las
otras diez, solo se transcribieron fragmentos relacionados con
las principales preguntas de la investigación y el resto de la entrevista
se resumió. En la primera fase de la investigación, leímos muchas
veces las transcripciones y entrevistas e identificamos los temas
relacionados con el uso de las destrezas de inteligencia emocional
fundamentales de los líderes a la hora de afrontar los incidentes. A
continuación, creamos un libro de códigos operativo en relación con
los temas.[180] Uno de los autores (Cherniss) volvió a las transcripciones, marcó fragmentos específicos que ilustraban uno o varios temas
y los codificó. La otra autora (Roche) codificó independientemente
los incidentes para los temas. Calculamos la concordancia de eva-
luadores para cada tema utilizando la siguiente fórmula destinada a
los datos ordinales o nominales:[181]

$$\frac{2 \times (\text{n.º de veces que el codificador A y el codificador B detectaron el tema})}{\text{N.º de veces en que lo detectó el codificador A + n.º de veces} \atop \text{en que lo detectó el codificador B}}$$

Seis de los temas presentaron coeficientes de fiabilidad del 0,75 o
superior. Los dos codificadores evaluaron los incidentes sobre los
que había desacuerdo y consensuaron su codificación.

En la fase final se seleccionaron los temas que parecían más relevantes y significativos. La «relevancia» se determinó en función de
la frecuencia de aparición de un incidente, hasta qué punto se rela-

cionaba con la pregunta principal de la investigación y su aparente novedad en tanto descubrimiento. Por ejemplo, un tema era «Utilizó una estrategia de enfrentamiento específica». Aunque este tema aparecía con relativa frecuencia, no se seleccionó para el conjunto final porque parecía excesivamente general y no especialmente útil o novedoso.

Al considerar los temas que emergían de nuestro análisis, nos percatamos de que podían conceptualizarse como estrategias que los líderes utilizaban para trabajar eficazmente con sus emociones. Este marco constituyó la base para el libro.

Apéndice C

Relaciones entre las estrategias, las habilidades y las competencias de inteligencia emocional

La siguiente tabla muestra cómo las nueve estrategias presentadas en este libro están relacionadas con habilidades de inteligencia emocional y competencias sociales y emocionales específicas. Las habilidades de inteligencia emocional se basan en el modelo de Mayer y Salovey (Mayer, Salovey, Caruso & Cherkassiy, 2011), y las competencias sociales y emocionales se basan en el trabajo de Boyatzis y Goleman (Boyatzis, 2009). Hay que señalar que la asignación de habilidades y competencias a estrategias tan solo refleja la perspectiva de los autores.

Estrategia	Habilidades de inteligencia emocional	Competencias emocionales y sociales
1. Monitoriza el clima emocional	• Percepción de la emoción • Comprensión de la emoción	• Empatía • Conciencia organizacional
2. Expresa tus emociones para para motivar a los demás	• Percepción de la emoción • Estimulación del pensamiento	• Liderazgo inspirador • Influencia
3. Considera hasta qué punto tu propia conducta influye en las emociones de los demás	• Comprensión de la emoción	• Autoconciencia emocional • Empatía • Conciencia organizacional
4. Ponte en la piel de los demás	• Comprensión de la emoción • Percepción de la emoción	• Autoconciencia emocional
5. Descifra la dinámica emocional subyacente en una situación	• Comprensión de la emoción	• Empatía • Conciencia organizacional

Estrategia	Habilidades de inteligencia emocional	Competencias emocionales y sociales
6. Reformula tu forma de de pensar en la situación	• Gestión de la emoción	• Autocontrol emocional • Perspectiva positiva • Adaptabilidad • Empatía • Conciencia organizacional
7. Crea límites interpersonales óptimos	• Gestión de la emoción • Comprensión de la emoción	• Autoconciencia emocional • Autocontrol emocional • Empatía • Conciencia organizacional
8. Busca la ayuda de otros para gestionar las emociones	• Gestión de la emoción	• Autoconciencia emocional • Autocontrol emocional • Adaptabilidad • Trabajo en equipo
9. Ayuda a otros a desarrollar sus destrezas de inteligencia emocional	• Gestión de la emoción • Comprensión de la emoción • Estimulación del pensamiento	• Empatía • Conciencia organizacional • *Coach* y mentor • Trabajo en equipo

Agradecimientos

En primer lugar, quiero dar las gracias a los 25 líderes que, con su tiempo y sabiduría, han contribuido a esta empresa. Por desgracia, nuestra promesa de confidencialidad nos impide nombrarlos, pero este libro no habría sido posible sin las entrevistas que nos concedieron generosamente. Aprendimos mucho de cada uno de ellos, y ahora nos complace compartirlo con los lectores.

Nada habríamos aprendido de estos líderes notables de no ser por las muchas personas que nos ayudaron a identificarlos. Entre ellos está Kathy Cavallo, Ted Freeman, Monica Knopf, Philip Brown, Cassia Mosdell y Alexi Glovinsky. Agradecemos su incalculable ayuda.

También queremos mostrar nuestro agradecimiento a los más de 100 miembros del Consorcio para la Investigación de la Inteligencia Emocional en las Organizaciones (CREIO, por sus siglas en inglés). Entre sus integrantes se incluyen muchos de los principales investigadores y expertos en el campo, y constituye una fuente de primer orden en la investigación y la aplicación práctica de la inteligencia emocional durante más de 20 años. Agradecemos especialmente las contribuciones de Daniel Goleman, fundador y copresidente, así como de los miembros fundadores Richard Boyatzis, Robert Caplan, Stéphane Côté, Vaness Druskat, Hillary Anger Elfenbein, Marilyn Gowing, Ronald Humphrey, Kathy Kram, Richard Price, Mary Ann Re, Helen Riess, Lyle Spencer Jr., Scott Taylor y Roger Weissberg. Muchos miembros de la plantilla han contribuido con aportaciones únicas y relevantes. Entre ellos, Robert Emmerling, Fatos Kusari,

Melissa Extein y Mitchel Adler. (Uno de nosotros, Cornelia Roche, fue en otro tiempo miembro de la plantilla).

También queremos dar las gracias a las muchas organizaciones que han apoyado el trabajo de CREIO a lo largo de los años. El Instituto Fetzer aportó la financiación inicial en 1996. Otras organizaciones que desde entonces han ayudado son la Oficina de Administración de Personal de Estados Unidos, Johnson & Johnson, Egon Zehnder International, el Grupo Hay (ahora parte de Korn Ferry), think2perform, Fifth Third Bank, Constellation/MMIC, Ameriprise, United Healthcare, Hindustan Petroleum, Amcor, Schlumberger, Spencer Stuart, Wawa, Cigna, Centro para el Cáncer MD Anderson y Genos International. Además de su ayuda financiera, estas organizaciones también enviaron personal que contribuyó al trabajo intelectual de nuestro grupo en reuniones semestrales y otros encuentros. Entre ellos podemos nombrar a Claudio Fernández-Aráoz, Matthew Mangino, Doug Lennick, Rick Aberman, Lauris Woolford, Ashis Sen, Laurie Drill-Mellum, Steve Freeman, Donna Gregory, Fabio Sala, Steve Kelner, Ruth Malloy, Signe Spencer, Steve Wolff y Ben Palmer.

Asimismo, nos hemos beneficiado del saber de muchos profesores y colegas en la Escuela de Graduados de Psicología Aplicada y Profesional (GSAPP, por sus siglas en inglés) de la Universidad Rutgers, que creó un ambiente estimulante y de apoyo para nuestro trabajo. Agradecemos especialmente las contribuciones de Clayton P. Alderfer, Ruth Orenstein, Michele Ballet, Kathy Cavallo y Christine Truhe en el programa doctoral de Psicología Organizacional. Otros miembros de GSAPP que nos brindaron su apoyo fueron Daniel Fishman, Susan Forman, Charlie Maher, Ken Schneider, John Kalafat, Sandra Harris y Stanley Messer. También agradecemos al personal administrativo de GSAPP su ayuda en nuestro trabajo. Entre ellos, Ruth Schulman, Jennifer Leon, Lew Gantwerk, Kathy McLean, Sylvia Kriger, Julie Skorny, Diane Crino, Thilda Coyman y Maryhelen Dzuban.

Varias personas leyeron partes del manuscrito y aportaron un *feedback* de incalculable valor. Estamos especialmente agradecidos por su ayuda; entre ellos, Dennis N.T. Perkins, Amanda Rose, Kevin Engholm, Matt y Diane Feldman, Robert Shaw y Bradley Marcus. También queremos dar las gracias a Marilee Adams por su consejo en diversos aspectos durante la realización del proyecto.

Apreciamos especialmente las muchas contribuciones de Deborah Cherniss. No solo dedicó muchas horas a editar el manuscrito durante el proceso de escritura, sino que brindó a Cary un amor y apoyo incondicional, lo que hizo que el proceso fuera más fácil y menos solitario. ¡Hay una buena razón por la que muchos de los libros de Cary, entre ellos el que el lector tiene en sus manos, están dedicados a ella!

Por último, agradecemos a nuestras familias su amor, afecto y apoyo.

Notas

1. Los nombres de todos los líderes son seudónimos y aparecen recogidos en el Apéndice A. En algunos casos, hemos aplicado cambios menores en las descripciones paramantener la confidencialidad de los individuos y organizaciones.
2. Mayer, Salovey y Caruso, 2000.
3. Fieldler, 2002.
4. Hubo intentos anteriores de identificar las inteligencias «no cognitivas». Uno de los primeros fue el artículo de Thorndike (1920), publicado en Harper's Magazine, en el que proponía la existencia de una «inteligencia social». Sin embargo, el trabajo de Gardner se considera el inicio del interés actual en el tema entre los psicólogos.
5. Véase, por ejemplo, la «inteligencia práctica» de Sternberg (Sternberg, 1985).
6. Salovey y Mayer, 1990. Bar-On, 1988, ideó previamente una escala de «bienestar psicológico», a la que llamó «EQ-I», para su tesis doctoral inédita. Sin embargo, Salovey y Mayer fueron los primeros en utilizar el término inteligencia emocional en un artículo publicado en una revista científica.
7. Goleman, 1995.
8. Un tipo de modelo concibe la IE como un número limitado de destrezas, como la capacidad para percibir y expresar emociones, usarlas para estimular el pensamiento, comprender las causas y efectos de las emociones y aprender a gestionarlas (Mayer, Salovey y Caruso, 2000; Palmer, Stough, Hamer y Gignac, 2009). El otro tipo de modelo incluye cierto número de rasgos más específicos o competencias emocionales y sociales (ESCs), importantes para una adaptación positiva, como la autoconciencia, la resiliencia, la empatía y la capacidad para influir en los demás (Bar-On, 2000; Goleman, 1998; Petrides y Furnham, 2001).
9. Miller, 2011, pág. B4.
10. Shanker, 2010, pág. A11.
11. Los investigadores utilizaron el Inventario de Competencias Emocionales (ECI), una medida estándar para la competencia emocional y social.
12. Hopkins y Bilmoria, 2008.
13. Kerr, Garvin y Heaton, 2006. El test de IE era el Test de Inteligencia Emocional Mayer-Salovey-Caruso (MSCEIT), uno de los indicadores de la IE más conocidos y respetados.
14. McClelland, 1998.
15. Rosete, 2007.
16. Bar-On, Handley y Fund, 2005.

17. Miao, Humphrey y Qian, 2016. El estudio se basó en un metaanálisis, una técnica estadística para agrupar los resultados de muchos estudios independientes. Los investigadores descubrieron que la correlación entre la IE del líder y la satisfacción laboral de los seguidores seguía siendo significativa incluso cuando la inteligencia cognitiva y la personalidad eran controladas. También estaba presente en cualquiera de los indicadores o modelos de inteligencia emocional utilizados.
18. Bhalerao y Kumar, 2016.
19. Skakon, Nielsen, Borg y Guzman, 2010. Véanse también Nielsen, Randall, Yarker y Brenner, 2008; Rasulzada, Dackert y Johansson, 2003.
20. Scott, Colquitt, Paddock y Judge, 2010.
21. Bryant, 2011, 7 de julio, pág. 14.
22. Comunicación personal, 28 de noviembre, 2017.
23. Muchos expertos creen que, en última instancia, el liderazgo tiene que ver con influir en los demás. Dos importantes investigadores en este campo lo expresaron sucintamente al definir el liderazgo como un «proceso de *motivación* de los individuos a fin de lograr que trabajen en colaboración para realizar grandes cosas [el subrayado es mío]», Vroom & Jago, 2007, pág. 218. Véase también Zaccaro, 2002.
24. Para ahondar en esta cuestión, véase la obra clásica de French y Raven (1959) sobre las diferentes bases del poder y la influencia en los grupos.
25. Como escribió S.E. Murphy (2002), «Las personas que se sienten realmente escuchadas tendrán más probabilidades de atender a las ideas del líder e implementar sus planes» (pág. 175).
26. Bryant, 2010, 25 de agosto.
27. Los líderes formales no son los únicos que, en una organización, necesitan ganarse la confianza de los demás para influir en ellos. Como señaló un ejecutivo de Recursos Humanos: «A medida que las organizaciones desarrollen modelos de liderazgo más distribuido (en el que hay pocos líderes formales), los individuos tendrán que ser progresivamente capaces de escuchar y aprovechar las fortalezas y perspectivas de muchos otros que poseen conocimientos específicos en ese ámbito» (Engholm, comunicación personal, 16 de noviembre, 2017).
28. Pescosolido, 2002, pág. 593.
29. Pescosolido, 2002, pág. 595.
30. S.E. Murphy, 2002, pág. 174. Como el carisma, el liderazgo transformacional suele implicar el uso de apelaciones emocionales para ayudar a los subordinados a alcanzar nuevas cotas de rendimiento (Burns, 1978). Los líderes transformacionales elaboran visiones claras y atractivas e inspiran a sus seguidores a trabajar para conseguirlas por medio del lenguaje, las narraciones y otras herramientas de comunicación (Bass, 2002). Los líderes transformacionales también son sensibles a las necesidades de sus subordinados. Pueden identificarlas y actuar para inspirar entusiasmo y dedicación por la tarea. Muchos estudios han descubierto una relación entre el liderazgo transformacional y la inteligencia emocional. Para un examen amplio, véase el metaanálisis de Harms y Credé, 2010.

31. Bryant, 2011, 13 de marzo.
32. Sutton, 2010.
33. La idea de que el liderazgo implica dos dimensiones distintas, una «dura» y la otra «blanda», tiene una larga historia teórica y en el ámbito de la investigación. Véase, por ejemplo, la investigación sobre los líderes orientados a la tarea versus los líderes orientados a las personas (Bass, 1981).
34. Para una consideración sistemática y reflexiva sobre la influencia del estrés y las emociones en la toma de decisiones, véase Mann, 1992. Thompson (2010) también aporta una perspectiva útil sobre esta cuestión.
35. Algunos teóricos del liderazgo han sugerido que un líder puede ser fuerte y bondadoso a un tiempo. Kapan (1996) ha presentado una forma útil de pensar en esta cuestión en un libro escrito para el público general.
36. Un metaanálisis exhaustivo descubrió que la inteligencia cognitiva representaba en torno al 8% de la variabilidad en el rendimiento de los líderes (Judge, Colbert & Ilies, 2004).
37. Muchos miembros del encuentro manifestaron su desacuerdo. Afirmaron que, si un líder se comporta de forma egoísta y perjudica a los empleados o a su empresa, debe ser deficiente en algún aspecto de la IE. En el desarrollo de la discusión quedo claro que ambos bandos basaban sus posiciones en modelos diferentes de IE. Quienes defendían que los líderes podían utilizar su IE de forma perjudicial pensaban en las cuatro habilidades básicas IE que constituyen el modelo Mayer-Salovey-Caruso (percepción, uso, comprensión y gestión de las emociones). Quienes defendían la otra postura pensaban en modelos que incluyen no solo esas habilidades básicas, sino también características vinculadas a valores positivos como la empatía y el trabajo en equipo.
38. Inicialmente, nuestro colega Richard Boyatzis nos sugirió esta distinción.
39. Algunos de los principales investigadores sobre la emoción han señalado algo similar. Por ejemplo, Barrett y Salovey (2002) predijeron que, mientras el sector se beneficiaría de la investigación sobre la evaluación de las diferencias individuales en las capacidades de IE, también es valiosa para adquirir una «comprensión más profunda de los procesos que garantizan esas diferentes destrezas» (pág. 7). Caruso y Salovey (2004) demuestran que los dirigentes pueden utilizar sus habilidades de IE como herramienta para afrontar estos temas, más que como un conjunto de rasgos estáticos. George (2000) aportó un buen análisis teórico sobre cómo las capacidades emocionales pueden ser valiosas para la diversidad de las funciones del liderazgo. Más recientemente, Côté (2013) propuso que ahora deberíamos estudiar cómo las personas usan la inteligencia emocional para consumar sus objetivos y tomar decisiones: «¿Qué hace la gente en su día a día cuando utilizan su IE?». Los investigadores y teóricos interesados en el liderazgo también defendían un planteamiento «funcional, orientado hacia el progreso» en lugar de uno basado en los comportamientos y características. Un ejemplo notable es el trabajo de Hackman y Wageman (2005, 2007).

40. Quince de los 25 líderes en el estudio utilizaron la estrategia «Monitoriza el clima emocional» al menos en uno de los incidentes críticos que describieron. De los 126 incidentes descritos por los líderes en las entrevistas, 23 implicaron el uso de esta estrategia.
41. Caruso y Salovey, 2004.
42. Perkins (2000), en su fascinante estudio sobre la capacidad de liderazgo exhibida por el explorador Ernest Shackleton durante su épica expedición a la Antártida, subrayó que este monitorizaba constantemente el estado emocional de cada miembro del equipo para detectar señales de ansiedad u otros estados emocionales potencialmente destructivos.
43. Al escribir sobre el papel de la emoción en la negociación y la gestión de conflictos, Ury (1991) sugiere que necesitamos reconocer no solo lo que nuestros oponentes están haciendo, sino también lo que sienten.
44. La iniciativa es una de las competencias emocionales y sociales vinculadas al liderazgo eficaz. Docenas de estudios sobre las competencias han demostrado que a menudo la iniciativa es una de las competencias que más poderosamente diferencian a los líderes notables de los líderes promedio (Boyatzis, 1982; Goleman, 1998; Spencer & Spencer, 1993).
45. Antonakis, Ashkanasy y Dasborough, 2009.
46. Caruso y Salovey, 2004; Darwin, 1872.
47. Citado en Carey, 2010, pág. 1.
48. Citado en Carey, 2010.
49. Barsade, 2002.
50. Sy, Horton y Riggio (2018) han propuesto recientemente un modelo de carisma que «sitúa la emoción como variable fundamental en el proceso carismático» (obtenido del resumen). Véase también Bono y Ilies, 2006; Gooty, Connelly, Griffith y Gupta, 2010.
51. Para la relación entre desarrollo grupal y expresión de la emoción, véase Bennis y Shepard, 1956. Mackie, Asuncion y Roselli (1992) estudiaron el impacto de la expresión de la emoción en la persuasión en el seno de un grupo, y Edmondson (1999) ha analizado el rol de la expresión de la emoción a la hora de crear una sensación de seguridad psicológica en el interior de un grupo. Smollan y Parry (2011) proponen que «para que los empleados asuman el cambio», los líderes «deberían inyectar emoción en sus comunicaciones» (pág. 441).
52. Richards y Gross, 2000.
53. Caruso y Salovey, 2004.
54. En total, 10 líderes describieron 17 incidentes en los que recurrieron a la expresión de las emociones como estrategia.
55. Lindebaum y Cassell (2012) han señalado que expresar los sentimientos, en especial cierto tipo de sentimientos en contextos determinados, puede socavar la credibilidad de un líder. Sugieren que, para ser eficaces, los líderes necesitan ser conscientes de las normas culturales que atañen a la expresión de las emociones y, a continuación, moldear su propia conducta en función de ello.

56. S.E. Murphy (2002) ha señalado que los líderes eficaces influyen en los demás a través del «uso creativo de palabras que reflejan una visión atractiva del futuro de la organización o del grupo de trabajo» (pág. 174).

57. Muchos estudios recientes han contribuido a identificar las condiciones en las que la expresión de la ira por parte del líder tiene más probabilidades de producir consecuencias positivas (Geddes y Callister, 2007; Hess, 2014; Lindebaum, Jordan y Morris, 2015; Van Kleef, 2014). Parrot (2002) sugirió que, para ser útiles, las emociones negativas tenían que «aparecer en las circunstancias adecuadas, expresarse de forma productiva para la situación presente, regularse para que su intensidad y sus manifestaciones resulten apropiadas, y estar sujetas a contención» (págs. 341-342) cuando no resultan útiles.

58. Saranson (1999) ha propuesto que la enseñanza es, entre otras cosas, «un arte performativo». Lo mismo podría decirse del liderazgo.

59. Hochschild (1983) ha utilizado el término *trabajo emocional* para describir situaciones en las que la tarea de un empleado exige que exprese ciertas emociones en determinadas circunstancias. Su trabajo, y el de otros autores, ha tendido a sugerir que el trabajo emocional es estresante para el empleado, además de engañoso. Sin embargo, Hochschild distinguía entre «interpretación superficial», en la que los trabajadores cambiaban su manifestación externa de la emoción sin alterar sus sentimientos internos, e «interpretación profunda», que implica cambiar lo que realmente se siente y expresar esos sentimientos espontáneamente. Ashforth y Humphrey (1993) sugirieron una tercera vía a través de la que los empleados pueden realizar el trabajo emocional, y le dieron el nombre de «trabajo emocional genuino». En este tercer estado, los sentimientos espontáneos y genuinos de un trabajador están en sintonía con las exigencias del trabajo. Al parecer, los líderes de nuestro estudio recurrieron a la interpretación profunda o al trabajo emocional genuino.

60. Un ciclo es «virtuoso» si los resultados que se refuerzan mutuamente son positivos; es «vicioso» cuando los resultados son negativos.

61. Bryant, 2011, 19 de junio.

62. Muchos líderes políticos de éxito han sido especialmente adeptos a expresar las emociones con eficacia. Theodore Roosevelt es un buen ejemplo de alguien que utilizaba esta capacidad para influir en las opiniones e inspirar a otros a hacer lo que, de otro modo, no habrían hecho. Véase Goodwin, 2013.

63. Una expresión emocional excesiva puede ser un problema. Aunque mucha gente cree que airear sus emociones les ayudará a sentirse mejor y a recuperar el control, la investigación sugiere lo contrario. La catarsis no suele ser de ayuda: cuanto más aireamos la emoción, peor nos sentimos. Véase Bushman, 2002.

64. Veintidós de los 25 líderes en el estudio utilizaron esta estrategia al afrontar un incidente crítico. De los 126 incidentes descritos por los líderes durante las entrevistas, 35 implicaban el uso de esta estrategia.

65. Bryant, 2011, 16 de enero.

66. Bryant, 2011, 19 de junio.
67. Caruso y Salovey, 2004.
68. Describimos el estudio clásico de Barsade (2002) en el capítulo 2.
69. Cherniss, 2006.
70. König, Graf-Vlachy, Bundy y Little (2018) han propuesto que un cierto nivel de empatía ayudará a los líderes a afrontar situaciones de crisis, pero que una empatía excesiva puede resultar nociva. Como señalan en el resumen, la empatía ayuda a los líderes a «reconocer rápidamente señales de advertencia, tener acceso a más información relacionada con la crisis, lograr el aprecio de las partes interesadas por medio de la compasión» y comprometerse más con «la curación del sistema relacional de la organización». Sin embargo, un exceso de empatía puede «predisponer a los líderes a falsas alarmas, introducir sesgos a la hora de procesar la información relacionada con la crisis, inclinarnos en exceso a la presentación de disculpas y comprometerlos en menor grado en la mejora del sistema operacional de la organización». Los líderes excepcionales de nuestro estudio utilizaron su inteligencia emocional para mantener el nivel justo de empatía en una situación determinada y variar el nivel si esta así lo requería.
71. Véase Humphrey (2012) para un incisivo análisis de cómo los líderes afrontan el «trabajo emocional» como parte de su rol.
72. Para más información sobre los aspectos emocionales de la gestión de conflictos, véase Shapiro, 2016.
73. El relato de lo que llegó a ser conocida como «Conspiración de Newburgh» procede de Chernow, 2010, y Miller, 2010.
74. Veinticinco de los incidentes, con 15 líderes involucrados, implicaron ponerse en la piel de los demás.
75. La investigación psicológica ha sugerido que hay al menos dos formas distintas de empatía. La empatía cognitiva es la capacidad de adoptar la perspectiva de otra persona. En la empatía emocional, uno comparte la respuesta emocional de otros (Davis, 1983; Decety y Jackson, 2004). «Ponerse en la piel del otro» implica a ambos tipos de empatía pero, sobre todo, el componente cognitivo. Por lo tanto, utiliza la capacidad de comprender la emoción.
76. Como escribió S. E. Murphy (2002): «Es más probable que las personas que sienten que han sido realmente escuchadas a su vez escuchen al líder y apliquen sus planes» (pág. 175).
77. Scholl, Sassenberg, Scheepers, Ellemers y de Wit, 2017.
78. Smollan y Parry, 2011, pág. 447.
79. Bryant, 2010, 22 de agosto.
80. Dieciocho líderes en 28 incidentes en nuestro estudio utilizaron su comprensión de las emociones para descifrar la dinámica subyacente de un reto u oportunidad.
81. Caruso y Salovey, 2004, pág. 27.
82. Ury, 1991, pág. 18. Para una actualización del trabajo del Programa de Negociación de Harvard, véase Shapiro, 2016.

83. Ury, 1991, pág. 26. Véase también Shapiro, 2016.
84. Un estudio a largo plazo de profesionales que se han recuperado de un *burnout* en el principio de sus carreras descubrió que «crear un interés especial» en el trabajo fue una manera de comprometerse y llegar a ser más eficaces en el trabajo (Cherniss, 1995). La publicación de Dorothy fue un ejemplo. En el capítulo 11 exploraremos en detalle cómo las organizaciones y los líderes pueden utilizar estos «intereses especiales» o proyectos personales para alentar una conducta emocionalmente más inteligente.
85. Ha habido cierto interés en la «sucesión del liderazgo» y en «convertirse en líder» entre algunos teóricos de la gestión. Véase, por ejemplo, Bennis y Nanus, 2003; Friedman, 1987.
86. Véase Lazarus, 1993, para un buen resumen de su investigación sobre la eficacia de diferentes estrategias de enfrentamiento.
87. English, John; Srivastava y Gross, 2012.
88. Según nuestro análisis, 11 de los líderes señalaron el uso de alguna versión de «espera que el mundo sea complejo y caótico» como reformulación a la hora de afrontar 14 incidentes críticos.
89. Los psicólogos sociales se refieren a este fenómeno como al error de atribución fundamental. Fue demostrado en el estudio clásico de E.E. Jones y Harris, 1967.
90. Para más información sobre cómo la gente practica la «atribución de culpas» en las organizaciones, y el impacto negativo que tiene en el rendimiento de individuos y grupos, véase Dattner y Dahl, 2011.
91. Marilee Adams (2009) ha realizado un trabajo innovador en la adopción de una actitud inquisitiva. Demuestra que esto puede ayudar a la gente a abordar más eficazmente muchos de sus retos emocionales, tanto en el trabajo como en su vida personal. En su libro sobre la negociación en situaciones difíciles, William Ury (1991) utilizó la expresión «salir al balcón» con la idea de describir una estrategia similar para el control de las propias emociones. Escribió que «el "balcón" es una metáfora de la actitud mental de desapego. Desde el balcón podemos evaluar serenamente el conflicto, casi como si no formáramos parte de él» (pág. 17).
92. Descubrimos que 11 líderes de nuestro estudio recurrieron a la «adopción de una actitud inquisitiva» como estrategia de reformulación en 12 incidentes diferentes.
93. Marilee Adams (2009) acuñó el término *enjuiciador* para referirse a aquellos cuyo impulso es hacer juicios en lugar de adoptar una actitud inquisitiva.
94. Al menos 11 líderes utilizaron este tipo de reformulación en 15 situaciones, según nuestro análisis.
95. Goleman (2013, pág. 76). Los psicólogos llaman *atención selectiva* a esta habilidad mental.
96. Goleman, 2013, pág. 2011.
97. Para más información sobre cómo el sentido y el compromiso moral en el trabajo contribuyen a reducir el estrés y el *burnout*, incluso en empleos muy exigentes, véase Cherniss (1986).

98. Para una crítica a esta perspectiva sobre el *burnout*, véase Cherniss (1986).

99. Nuestro análisis indicó que al menos 10 líderes gestionaron sus emociones adoptando una perspectiva positiva en 15 situaciones.

100. Véase Seligman (2002) para un resumen de la investigación que relaciona el optimismo con muchos resultados positivos diferentes.

101. Epícteto, 2008.

102. Levine (2007) ha publicado un artículo intrigante sobre las implicaciones de este trabajo para la teoría y la investigación psicológica.

103. Pescosolido (2002).

104. Pescosolido (2002, pág. 591).

105. Véase, por ejemplo, Schulman, Keith y Seligman, 1993.

106. Por ejemplo, véase el trabajo de Seligman (2002), centrado en cómo es posible cultivar un «optimismo aprendido» cambiando el propio «estilo explicativo».

107. Brody, 2017.

108. Cohn, Pietrucha, Saslow, Hult y Moskowitz, 2014; Moskwitz *et al.*, 2011.

109. Caruso y Salovey, 2004, pág. 112.

110. Boyatzis y McKee, 2005.

111. El *sesgo de confirmación* es el nombre que los psicólogos dan a la tendencia de buscar, recordar e interpretar la información de modo que confirme nuestras propias creencias o hipótesis, a la vez que concedemos menos atención y consideración a explicaciones y posibilidades alternativas. Véase Plous, 1993.

112. El teórico de la gestión Douglas McGregor (1960) sugirió hace más de 50 años que adoptar una perspectiva más positiva hacia otras personas puede resultar especialmente útil a quienes ocupan puestos de liderazgo. Observó que algunos líderes tienden a ser más pesimistas en su valoración de otras personas, considerándolos, por naturaleza, perezosos, carentes de ambición, individuos que huyen de la responsabilidad y prefieren ser dirigidos por otros. Otros líderes sostienen una visión más positiva. Creen que la mayor parte de la gente quiere hacer un buen trabajo y que trabajarán duro sin mucha presión externa si su empleo les parece disfrutable y significativo. McGregor descubrió que los gestores con una visión más positiva de los demás tendían a obtener mejores resultados que aquellos que manifestaban una perspectiva más negativa.

113. Pescosolido, 2002, pág. 591.

114. Seligman, 2002, pág. 288. Otros investigadores coinciden en que el valor del pensamiento positivo depende de lo que uno quiera conseguir. La ansiedad, por ejemplo, nos ayuda a anticipar qué puede ir mal. La ira puede aportar la energía para trabajar hacia un cambio positivo. Y las personas con un estado de ánimo triste son capaces de idear mensajes más persuasivos que quienes están alegres. Para un resumen de esta investigación, véase Caruso y Salovey, 2004, págs. 101-104.

115. Seligman, 2002, pág. 288.

116. Once líderes utilizaron los límites para ayudar a gestionar las emociones en 18 incidentes.

117. Véase, por ejemplo, Kerasiou y Horn (2016): «La profesión médica constituye un entorno de una alta carga emocional, lo que favorece la imagen del doctor emocionalmente distante».
118. Bryant, 2010, 22 de agosto.
119. Para un análisis más académico sobre la importancia de la distancia emocional en el liderazgo, véase Erskine, 2012.
120. En su análisis de la investigación sobre el estrés en el personal sanitario, Folkman y Moskowitz (2000) señalaron que los descansos eran de los métodos más frecuentemente utilizados para gestionar el estrés.
121. Algunos investigadores sugieren que puede llevar hasta 20 minutos volver al punto de partida una vez que hemos sufrido una perturbación emocional. Véase Gottman, 1994.
122. En un capítulo sobre la gestión de las emociones destructivas en el trabajo, Cooper y Cartwright (2001) propusieron que los directivos deberían desarrollar políticas y procedimientos específicos para gestionar las emociones en las organizaciones.
123. Perkins (2000, págs. 24-25) ha descrito cómo el explorador polar Ernest Shackleton recurría a rutinas fijas para mantener a sus hombres concentrados, ocupados y, por lo tanto, en un estado de ánimo positivo la mayor parte del tiempo, cuando se quedaron atrapados en el hielo antártico.
124. Norman, Avolio y Luthans, 2010.
125. Un análisis especialmente bueno de la importancia de unos límites óptimos se encuentra en Alderfer (1980).
126. Para un examen atento de la cuestión del equilibrio entre trabajo y vida en las organizaciones, véase Shobitha Poulouse (2014). Véase también Boyatzis y McKee (2005).
127. Bryant, 2010, 25 de agosto.
128. Trece líderes recurrieron a esta estrategia en 18 de los incidentes descritos en las entrevistas.
129. Ha habido un interés creciente en el uso del *coaching* en el lugar de trabajo entre los investigadores y médicos. Para un análisis exhaustivo de la investigación sobre *coaching*, véase Athanasopoulou y Dopson (2018); Bozer y Jones (2018); R.J. Jones, Wood y Guillaume (2016); Rekalde, Landeta y Albizu (2015).
130. Para más información sobre los fórums familiares y otros tipos de asesoramiento a negocios familiares, véase Strike, Michel y Kammerlander, 2018.
131. Hay muchos modelos de *coaching* ejecutivo. Boyatzis (2007) ofreció un ejemplo especialmente bueno de cómo el *coaching* puede ser utilizado para ayudar a los líderes a desarrollar y utilizar su inteligencia emocional. Véase también Orenstein (2007) para un enfoque diferente.
132. Para una consideración más profunda sobre cómo las relaciones en el trabajo pueden ayudar a los líderes a desarrollar su competencia emocional y social, véase Kram y Cherniss (2001); W. Murphy y Kram (2014).
133. En nuestro estudio trece líderes describieron 15 incidentes en los que utilizaron esta estrategia.

134. Una «evaluación de 360 grados» consiste en pedir a personas que ocupan diferentes roles que describan el comportamiento del líder. Normalmente incluye a los compañeros y jefes del individuo, y consta de relatos directos. A veces también se incluye a los clientes, usuarios, amigos o miembros de la familia. Recibe el nombre de «360 grados» porque ofrece una perspectiva más completa de la persona en comparación con una evaluación realizada únicamente por un jefe.

135. Jonathan también usó otras muchas técnicas específicas que aparecen en el libro de Cherniss y Adler (2000), centrado en cómo ayudar a que la gente desarrolle su inteligencia emocional.

136. Los investigadores apoyan esta perspectiva: el «crecimiento de los demás» apareció como una de las doce competencias emocionales y sociales más importantes para un líder en docenas de estudios sobre las competencias realizados a lo largo de muchos años. Los estudios fueron realizados por la empresa consultora Korn Ferry/ Hay Group. Véase Boyatzis (2009); Goleman, Boyatzis y McKee (2002).

137. Véanse McCall, 2013; McCall, Lombardo y Morrison, 1988.

138. La investigación ha confirmado reiteradamente que la persistencia es un factor significativo del éxito, Para dos perspectivas sobre esta cuestión, véanse Credé, Tynan y Harms (2017); Duckworth y Seligman (2005).

139. En su estudio sobre la gestión emocional de los grupos por parte de líderes emergentes, Pescosolido (2002) descubrió que seguían un patrón similar. En sus palabras: «Propongo que los líderes gestionan las respuestas emocionales del grupo empatizando e identificándose en primer lugar con el estado emocional colectivo de los miembros del grupo, y comprendiendo los factores que provocan ese estado emocional. A continuación, elaboran una respuesta a la situación que está provocando la reacción emocional y comunican su respuesta al grupo verbalmente y adoptando un curso de acción» (pág. 586).

140. Los líderes de nuestro estudio utilizaron la *Estrategia 5* (*Descifra la dinámica emocional subyacente en la situación*) con una gran frecuencia: 18 líderes la emplearon en 28 incidentes.

141. En la investigación sobre inteligencia emocional, algunos de los pensadores más influyentes han sugerido que la gente suele seguir este proceso lineal. Véanse, por ejemplo, Goleman (2001); Joseph y Newman (2010); Mayer y Salovey (1997).

142. Lindebaum y Cassell, 2012, pág. 65.

143. Boyatzis y McKee, 2005, pág. 49.

144. Boyatzis y McKee, 2005, pág. 50.

145. Soojung-Kin Pang, 2016. La cita procede de una reseña del libro por parte de Huffington, 2016.

146. Los comentarios de Scholl aparecieron en un artículo de Hutson, 2017.

147. Alderfer, 2011.

148. Williams, 2014.

149. Thompson, 2010.

150. Boyatzis y McKee, 2005, págs. 36-48.

151. Thompson, 2010.
152. La obra clásica sobre la perspectiva «transaccional» del estrés se encuentra en el libro de Lazarus y Folkman, 1984.
153. Wiens (2016, 2017) ha demostrado claramente cómo el uso de las competencias emocionales y sociales por parte de los líderes puede ayudarles a superar el estrés.
154. Hay un amplio cuerpo de investigación sobre el estrés en el trabajo. Un buen resumen lo encontramos en Goh, Pfeffer y Zenios, 2016.
155. Véase, por ejemplo, Dickerson y Kemeny, 2004.
156. Karasek, 1990.
157. En concreto, las diferencias eran estadísticamente significativas en 11 de los 12 indicadores en el caso de los hombres y en 4 de los 12 indicadores de las mujeres.
158. Por ejemplo, la prevalencia de depresión era del 21,1% en las mujeres que acababan en trabajos con un mayor control en comparación con el 35,6% en empleos con un menor control.
159. Véase Sandler, Braver y Gensheimer, 2000.
160. Cherniss, 1995.
161. Cherniss, 1995, pág. 26.
162. Mortimer y Lorence, 1979. También descubrieron que, con el tiempo, los ingresos reducían la importancia de los valores orientados hacia las personas: cuando el trabajo proporcionaba un salario superior, se orientaban menos a las personas. Por desgracia, los líderes empresariales, en especial en las grandes compañías, reciben altas compensaciones por un trabajo que no necesariamente es significativo desde el punto de vista personal. Véase, por ejemplo, Ingoglia, 2017.
163. El programa se describe con más detalle en Cherniss y Adler, 2000 y en Cherniss y Caplan, 2001.
164. Hutson, 2017, pág. BU11.
165. La información sobre otros programas bien diseñados y basados en evidencias se encuentra en Cherniss y Adler, 2000.
166. Véase Schneider, 2014.
167. Garton, 2017.
168. Levitin, 2014.
169. Leonhardt, 2017. Aprendió la técnica del exsecretario de Estado George Schultz.
170. Subramanian, 2013.
171. El *coaching* ejecutivo, centrado en ayudar a los líderes a ser más conscientes de sus valores personales y a utilizar esa conciencia para que su trabajo sea más significativo, es otro enfoque. Véase el libro reciente de Boyatzis, Smith y Van Oosten, 2019, para un excelente análisis sobre cómo conseguirlo.
172. La cita procede de Carey, 2010.
173. Para más información sobre el mito del «líder perfecto», véase Ancona, Malone, Orlikowski y Senge, 2007.
174. Amy Guttman, rectora de la Universidad de Pensilvania, observó: «La perfección

está muy sobrevalorada. No busques la perfección. Si lo haces, no asumirás riesgos». (Citado en Bryant, 2011, 19 de junio).

175. Como hemos señalado en la Introducción, este tipo de «conciencia organizacional» es una de las 12 competencias emocionales y sociales del modelo de Boyatzis y Goleman.

176. Esta idea se basa en el concepto de *créditos de idiosincrasia*, formulado por Hollander (1958). La noción básica nos dice que, cuando los miembros de un grupo se ajustan a las expectativas de un grupo, obtienen un crédito de idiosincrasia, y cuando defraudan la expectativa, lo pierden. Cuando la gente tiene un saldo positivo de estos créditos, puede actuar de forma idiosincrática. Sin embargo, cada vez que lo hacen reducen su saldo.

177. Otro ejemplo de cómo un líder mostró un respeto constante hacia la cultura de su empresa para obtener la credibilidad y la confianza que necesitaba a la hora de hacer grandes cambios se puede ver en la historia de Harold en el capítulo 5.

178. Cassia Mosdell y Alexandra Glovinsky.

179. La técnica del incidente crítico fue descrita en primer lugar por Flanagan (1954). Para más información sobre el método, véanse Boyatzis (1997); Janz (1982); Motowidlo *et al.* (1992); Ronan y Latham (1974).

180. Hemos utilizado el enfoque sugerido por Boyatzis, 1997.

181. La fórmula fue recomendada por Boyatzis, 1997, pág. 155.

Referencias

Adams, M., *Change your questions, change your life: 10 powerful tools for life and work* (2.ª ed.), San Francisco, CA: Berrett-Koehler, 1990.

M.F. Kaplan y E. Singer, «Dogmatism and Sensory Alienation: An Empirical Investigation», *Journal of Consulting Psychology* 27, n.º 6, 1963, págs. 486-491, https://doi.org/10.1037/h0042057; Haylie L. Miller y Nicoleta L. Bugnariu, «Level of Immersion in Virtual Environments Impacts the Ability to Assess and Teach Social Skills in Autism Spectrum Disorder», *Cyberpsychology, Behavior and Social Networking* 19, n.º 4, 2016, págs. 246-256, https://doi.org/10.1089/cyber.2014.0682

Alderfer, C.P., «Consulting to underbounded systems», en C.P. Alderfer & C. Cooper (comps.), *Advances in experiential social processes* (vol. 2, págs. 267-295). Nueva York, NY: Wiley, 1980.

—, *The practice of organizational diagnosis: Theory and methods*, Nueva York, NY: Oxford University Press, 2011

Ancona, D., Malone, T.W., Orlikowski, W.J., & Senge, P.M. (2007, febrero), «In praise of the incomplete leader», *Harvard Business Review*, encontrado en https://hbr.org/product/in-praise-of-the-incomplete-leader/R0702E-PDF-ENG

Antonakis, J., Ashkanasy, N.M., & Dasborough, M.T., «Does leadership need emotional intelligence?», *Leadership Quarterly*, 20, 2009, págs. 247-261.

Ashforth, B.E., & Humphrey, R.H., *Emotional labor in service roles: The influence of identity*, Academy of Management Review, 18, 1993, págs. 88-115.

Athanasopoulou, A., & Dopson, S., «A systematic review of executive coaching outcomes: Is it the journey or the destination that matters the most?», *Leadership Quarterly*, 29, 2018, págs. 70-88, doi:https://doi.org/10.1016/j.leaqua.2017.11.004

Bar-On, R., «Emotional and social intelligence: Insights from the Emotional Quotient Inventory», en R. Bar-On & J. Parker (comps.), *Handbook of emotional intelligence* (págs. 363-388), San Francisco, CA, Jossey-Bass, 2000.

Bar-On, R., Handley, R., & Fund, S., «The impact of emotional intelligence on performance», en V. Druskat, F. Sala, & G. Mount (comps.), *Linking emotional intelligence and performance at work: Current research evidence* (págs. 3-20). Mahwah, NJ: Erlbaum, 2005.

Barrett, L.F., & Salovey, P., «Introduction», en L.F. Barrett & P. Salovey (comps.), *The wisdom in feeling: Psychological processes in emotional intelligence* (págs. 1-8), Nueva York, NY: Guilford Press, 2002.

Barsade, S.G., «The ripple effect: Emotional contagion and its influence on group behavior», *Administrative Science Quarterly*, 47, 2002, págs. 644-675.

Bass, B.M., *Stogdill's handbook of leadership* (2.ª ed.), Nueva York, NY: Free Press, 1981.

—, «Cognitive, social, and emotional intelligence of transformational leaders», en R.E. Riggio, S.E. Murphy, & F.J. Pirozzolo (comps.), *Multiple intelligences and leadership* (págs. 105-118), Mahwah, NJ, Erlbaum, 2002.

Bennis, W., & Shepard, H., *A theory of group development. Human Relations*, 9, 1956, 415-437.

Bennis, W.G., & Nanus, B., *Leaders: Strategies for taking charge* (2.ª ed.), Nueva York, NY: Harper and Row, 2003.

Bhalerao, H., & Kumar, S., «Role of emotional intelligence in leaders on the commitment level of employees: A study in information technology and the manufacturing sector in India», *Business Perspectives and Research*, 4, 2016, 41-53, doi:10.1177/2278533715605434

Bono, J.E., & Ilies, R., «Charisma, positive emotions, and mood contagion», *Leadership Quarterly*, 17, 2006, 317-334.

Boyatzis, R.E., *Transforming qualitative information: Thematic analysis and code development*, Thousand Oaks, CA, Sage, 1997.

—, *The competent manager: A model for effective performance*, Nueva York, NY: Wiley, 1982.

—, «Developing emotional intelligence through coaching for leadership, professional, and occupational excellence», en R. Bar-On, J. G. Maree, & M. J. Elias (comps.), *Educating people to be emotionally intelligent* (págs. 155-168), Nueva York, NY: Praeger, 2007.

—, «Competencies as a behavioral approach to emotional intelligence», *Journal of Management Development*, 28, págs. 749-770, 2009.

Boyatzis, R.E., & McKee, A., *Resonant leadership*, Boston, MA: Harvard Business School Press, 2005.

Boyatzis, R.E., Smith, M., & Van Oosten, E., *Helping people change: Coaching with compassion for lifelong learning and growth*, Boston, MA: Harvard

Review Press, 2019. (Trad. cast.: *Ayudar a la gente a cambiar: coaching compasivo para aprender y crecer a lo largo de la vida*, Barcelona: Editorial Reverté, 2020.)

Bozer, G., & Jones, R.J., «Understanding the factors that determine workplace coaching effectiveness: A systematic literature review», *European Journal of Work and Organizational Psychology*, 27, págs. 342-361, 2018, doi:1 0.1080/1359432X.2018.1446946

Brody, J.E., «Positive emotions may extend life», *New York Times*, pág. D5, 28 de marzo, 2017.

Bryant, A., «Memo to self: Don't take it personally», *New York Times*, pág. BU2, 22 de agosto, 2010.

Bryant, A., «Team insights? Just use your peripheral vision», *New York Times*, pág. BU2, 25 de agosto, 2010.

Bryant, A., «Say anything, but phrase it the right way», *New York Times*, BU2, 16 de enero, 2011.

Bryant, A., «The quest to build a better boss», *New York Times*, págs. BU1, 7, 13 de marzo, 2011.

Bryant, A., «Welcoming the wild ideas of the week», *New York Times*, pág. BU2, 19 de junio, 2011.

Bryant, A., «Looking ahead behind the ivy: The new dean of Harvard Business School, on leadership and character», *New York Times*, Education Life Supplement, pág. 14, 7 de julio, 2011.

Burns, J.M., *Leadership*, Nueva York, NY: Harper and Row, 1978.

Bushman, B.J., «Does venting anger feed or extinguish the flame? Catharsis, rumination, distraction, anger and aggressive responding», *Personality and Social Psychology Bulletin*, 28, 2002, págs. 724-731.

Carey, B., «The benefits of blowing your top», *New York Times*, p. D1, 6 de julio de 2010.

Caruso, D.R., & Salovey, P., *The emotionally intelligent manager: How to develop and use the four key emotional skills of leadership*, San Francisco, CA: Jossey-Bass, 2004. (Trad. cast.: *El directivo emocionalmente inteligente: la inteligencia emocional en la empresa*, Madrid: Algaba, 2012).

Cherniss, C., «Different ways of thinking about burnout», en E. Seidman & J. Rappaport (comps.), *Redefining social problems* (págs. 217-229), 1986, Nueva York, NY: Plenum.

Cherniss, C., *Beyond burnout: Helping teachers, nurses, therapists, and lawyers overcome stress and disillusionment*, Nueva York, NY: Routledge, 1995.

Cherniss, C., *School change and the MicroSociety program*, Thousand Oaks, CA: Corwin Press, 2006.

Cherniss, C., & Adler, M., *Promoting emotional intelligence in organizations*, Alexandria, VA: American Society for Training and Development, 2000.

Cherniss, C., & Caplan, R.D., «Implementing emotional intelligence programs in organizations», en C. Cherniss & D. Goleman (comps.), *The emotionally intelligent workplace* (págs. 286-304). San Francisco, CA: Jossey-Bass, 2001.

Chernow, R., *Washington: A life*, Nueva York, NY: Penguin, 2010.

Cohn, M.A., Pietrucha, M.E., Saslow, L.R., Hult, J.R., & Moskowitz, J.T., «An online positive affect skills intervention reduces depression in adults with type 2 diabetes», *Journal of Positive Psychology*, 9, 2014, págs. 523-534, doi:10.1080/17439760.2014.920410

Cooper, C.L., & Cartwright, S., «Organizational management of stress and destructive emotions at work», en R.L. Payne & C.L. Cooper (comps.), *Emotions at work: Theory, research and applications for management* (págs. 269-280). Chichester, England: Wiley, 2001.

Côté, S., «Emotional intelligence: Recent theoretical advances and research findings. Presentation at the fall meeting of the Consortium for Research on Emotional Intelligence (CREIO)», Boston, MA, diciembre, 2013.

Credé, M., Tynan, M.C., & Harms, P.D., «Much ado about grit: A meta-analytic synthesis of the grit literature», *Journal of Personality and Social Psychology*, 113, 2017, 492-511, doi:http://dx.doi.org/10.1037/pspp0000102

Darwin, C., *The expression of the emotions in man and animals*, Chicago, University of Chicago Press, 1872. (Trad. cast.: *La expresión de las emociones en los animales y en el hombre*, Madrid: Alianza, 1998).

Dattner, B., & Dahl, D., *The blame game*, Nueva York, NY: Free Press, 2011.

Davis, M.H., «Measuring individual differences in empathy: Evidence for a multidimensional approach», *Journal of Personality and Social Psychology*, 44, 1983, págs.113-126.

Decety, J., & Jackson, P.L., «The functional architecture of human empathy», *Behavioral and Cognitive Neuroscience Reviews*, 3, 2004, págs. 71-100.

Dickerson, S.S., & Kemeny, M., «Acute stressors and cortisol responses: A theoretical integration and synthesis of laboratory research», *Psychological Bulletin*, 130, 2004, págs. 355-391.

Dilworth, L., & Boshyk, Y. (comps.), *Action learning and its applications*, Londres, England: Palgrave Macmillan UK, 2010.

Duckworth, A.L., & Seligman, M.E.P., «Self-discipline outdoes IQ in predicting academic performance of adolescents», *Psychological Science*, 16, 2005, págs. 939-944.

Edmondson, A., «Psychological safety and learning behavior in work teams», *Administrative Science Quarterly*, 44, 1999, págs. 350-383.

English, T., John, O.P., Srivastava, S., & Gross, J.J., «Emotion regulation and peer-related social functioning: A 4-year longitudinal study», *Journal of Research in Personality*, 46, 2012, págs. 780-784.

Epícteto, *Discourses and selected writings* (R. Dobbin, Trad.), Londres, Inglaterra: Penguin, 2008. (Trad. cast.: *Disertaciones*, Madrid: Gredos, 1993).

Erskine, L., «Defining relational distance for today's leaders», *International Journal of Leadership Studies*, 7, 2012, págs. 96-113.

Fiedler, F.E., «The curious role of cognitive resources in leadership», en R.E. Riggio, S.E. Murphy, & F.J. Pirozzolo (comps.), *Multiple intelligences and leadership* (págs. 91-104), Mahwah, NJ: Erlbaum, 2002.

Flanagan, J.C., «The critical incident technique», *Psychological Bulletin*, 51, págs. 327-358, 1954, doi:10.1037/h0061470

Folkman, S., & Moskowitz, J.T., «Stress, positive emotion, and coping», *Current Directions in Psychological Science*, 9, 2000, págs. 115-118, doi:10.1111/1467-8721.00073

French, J.R.P., & Raven, B., «The bases of social power», en D. Cartwright (comp.), *Studies in social power* (págs. 150-167), Ann Arbor: University of Michigan Press, 1959.

Friedman, S.D. (comp.), *Leadership succession*, New Brunswick, NJ: Transaction Books, 1987.

Garton, E., «Employee burnout is a problem with the company, not the person», *Harvard Business Review*, 6 de abril de 2017, encontrado en https://hbr.org/2017/04/employee-burnout-is-a-problem-with-the-company-not-the-person

Geddes, D., & Callister, R.R., «Crossing the line(s): A dual threshold model of expressing anger in organizations», *Academy of Management Review*, 32, 2007, págs. 721-746.

George, J.M., «Emotions and leadership: The role of emotional intelligence», *Human Relations*, 53, 2000, págs. 1027-1055.

Goh, J., Pfeffer, J., & Zenios, S.A., «The relationship between workplace stressors and mortality and health costs in the United States», *Management Science*, 62, 2016, págs. 608-628, doi:10.1287/mnsc.2014.2015

Goleman, D., *Emotional intelligence*, Nueva York, NY: Bantam, 1995. (Trad. cast.: *Inteligencia emocional*, Barcelona: Kairós, 2010).

—, *Working with emotional intelligence*, Nueva York, NY: Bantam, 1998. (Trad. cast.: *Inteligencia emocional en el trabajo*, Barcelona: Kairós, 2005).

—, *Focus: The hidden driver of excellence*, Nueva York, NY: Harper, 2013. (Trad. cast.: *Focus: desarrollar la atención para alcanzar la excelencia*, Barcelona: Kairós, 2013).

Goleman, D., An EI-based theory of performance, In C. Cherniss & D. Goleman (Eds.), *The emotionally intelligent workplace: How to select for, measure, and improve emotional intelligence in individuals, groups, and organizations* (págs. 27-44), San Francisco, CA: Jossey-Bass, 2001.

Goleman, D., Boyatzis, R., & McKee, A., *Primal leadership: Realizing the power of emotional intelligence*, Boston, MA: Harvard Business School Press, 2002. (Trad. cast.: *El líder resonante crea más: el poder de la inteligencia emocional*, Barcelona: De Bolsillo, 2003).

Goodwin, D.K., *The bully pulpit: Theodore Roosevelt, William Howard Taft, and the golden age of journalism*, Nueva York, NY: Simon and Schuster, 2013.

Gooty, J., Connelly, S., Griffith, J., & Gupta, A., «Leadership, affect and emotions: A state of the science review», *Leadership Quarterly*, 21, 2010, págs. 979-1004, doi:http://dx.doi.org/10.1016/j.leaqua.2010.10.005

Gottman, J.M., *What predicts divorce? The relationship between marital processes and marital outcomes*, Hillsdale, NJ: Erlbaum, 1994.

Hackman, J.R., & Wageman, R., «A theory of team coaching», *Academy of Management Review*, 30, 2005, págs. 269-287.

Hackman, J.R., & Wageman, R., «Asking the right questions about leadership», *American Psychologist*, 62, 2007, págs. 43-47.

Harms, P.D., & Credé, M., «Remaining issues in emotional intelligence research: Construct overlap, method artifacts, and lack of incremental validity», *Industrial and Organizational Psychology: Perspectives on Science and Practice*, 3, 2010, págs. 154-158.

Hess, U., «Anger is a positive emotion» en W. G. Parrott (comp.), *The positive side of negative emotions* (págs. 55-75), Nueva York, NY: Guilford Press, 2014.

Hochschild, A.R., *The managed heart: Commercialization of human feeling*, Berkeley: University of California Press, 1983.

Hollander, E., «Conformity, status, and idiosyncrasy credit», *Psychological Review*, 65, 1958, págs. 117-127, doi:10.1037/h0042501. PMID 13542706

Hopkins, M.M., & Bilmoria, D., «Social and emotional competencies predicting success for male and female executives», *Journal of Management Development*, 27, 2008, págs. 13-35.

Huffington, A., «The rest of your life», *New York Times Book Review*, 18 de diciembre, 2016, pág. BR10.

Humphrey, R.H., «How do leaders use emotional labor?», *Journal of Organizational Behavior*, 33, 2012, págs. 740-744.

Hutson, M., «When power doesn't corrupt», *New York Times*, 21 de mayo de 2017, pág. BU11.

Ingoglia, R., «Independence Day idea: Life, liberty and the pursuit of a meaningful job», *NJ Star-Ledger Opinion*, 4 de julio de 2017, https://www.nj.com/opinion/2017/07/life_liberty_and_the_pursuit_of_a_meaningful_job_o.html

Janz, T., «Initial comparisons of patterned behavior description interviews versus unstructured interviews», *Journal of Applied Psychology*, 67, 1882, págs. 577-580.

Jones, E.E., & Harris, V.A., «The attribution of attitudes», *Journal of Experimental Social Psychology*, 3, 1967, págs. 1-24, doi:10.1016/0022-1031(67)90034-0

Jones, R.J., Woods, S.A., & Guillaume, Y.R.F., «The effectiveness of workplace coaching: A meta-analysis of learning and performance outcomes from coaching», *Journal of Occupational and Organizational Psychology*, 89, 2016, págs. 249-277, doi:10.1111/joop.12119

Joseph, D.L., & Newman, D.A., «Emotional intelligence: An integrative metaanalysis and cascading model», *Journal of Applied Psychology*, 95, 2010, págs. 54-78.

Judge, T.A., Colbert, A.E., & Ilies, R., «Intelligence and leadership: A quantitative review and test of theoretical propositions», *Journal of Applied Psychology*, 89, 2004, págs. 542-552.

Kaplan, R.E., *Forceful leadership and enabling leadership: You can do both*, Greensboro, NC: Center for Creative Leadership, 1996.

Karasek, R., «Lower health risk with increased job control among white collar workers», *Journal of Organizational Behaviour*, 11, 1990, págs. 171-185.

Kerasidou, A., & Horn, R., «Making space for empathy: Supporting doctors in the emotional labour of clinical care», *Biomedical Central Medical Ethics*, 17, 2016, pág. 8, doi:10.1186/s12910-016-0091-7

Kerr, R., Garvin, J., & Heaton, N., «Emotional intelligence and leadership effectiveness», *Leadership and Organization Development Journal*, 27, 2006, págs. 265-279.

König, A.S., Graf-Vlachy, L., Bundy, J.N., & Little, L., «A blessing and a curse: How CEOs' empathy affects their management of organizational crises», *Academy of Management Review*, 2018, doi: https://doi.org/10.5465/amr.2017.0387

Kram, K.E., & Cherniss, C., «Developing emotional competence through relationships at work», en C. Cherniss & D. Goleman (comps.), *The emotionally intelligent workplace* (págs. 254-285), San Francisco, CA: Jossey-Bass, 2001.

Lazarus, R., «Coping theory and research: Past, present, and future», *Psychosomatic Medicine*, 55, 1993, págs. 234-247.

Lazarus, R.S., & Folkman, S., *Stress, appraisal, and coping*, Nueva York, NY: Springer, 1984.

Leonhardt, D., «Why you'd benefit from a "Shultz Hour"», *New York Times*, 18 de abril, 2017, pág. A19.

Levine, M., «Pollyanna and the Glad Game: A potential contribution to positive psychology», *Journal of Positive Psychology*, 2, 2007, págs. 219-227.

Levitin, D.J., «Hit the reset button in your brain», *New York Times*, 10 de agosto, 2014, pág. SR5.

Lindebaum, D., & Cassell, C., «A contradiction in terms? Making sense of emotional intelligence in a construction management environment», *British Journal of Management*, 23, 2012, págs. 65-79.

Lindebaum, D., Jordan, P.J., & Morris, L., «Symmetrical and asymmetrical outcomes of leader anger expression: A qualitative study of army personnel», *Human Relations*, 69, 2015, págs. 1-24, doi:10.1177/0018726715593350

Mackie, D., Asuncion, A., & Rosselli, F., «The impact of positive affect on persuasion processes», en M.S. Clark (comp.), Emotion and social behavior: *Review of personality and social psychology* (vol. 14, págs. 247-270), Thousand Oaks, CA: Sage, 1992.

Mann, L., «Stress, affect and risk taking», en J.F. Yates (comp.), *Risk-taking behaviour* (págs. 201-230), Oxford, England: Wiley, 1992.

Mayer, J.D., & Salovey, P., «What is emotional intelligence?», en P. Salovey & D.J. Sluyter (comps.), *Emotional development and emotional intelligence* (págs. 3-34), Nueva York, NY: Basic Books, 1997.

Mayer, J.D., Salovey, P., & Caruso, D.R., «Models of emotional intelligence», en R.J. Sternberg (comp.), *Handbook of intelligence* (2.ª ed., págs. 396-420), Nueva York, NY: Cambridge University Press, 2000.

Mayer, J.D., Salovey, P., Caruso, D.R., & Cherkasskiy, L. (2011). «Emotional intelligence», en R.J. Sternberg & S.B. Kaufman (comps.), *The Cambridge handbook of intelligence* (págs. 528-549), Nueva York: Cambridge University Press.

McCall, M. W., Jr., An interview with Morgan McCall, *People & Strategy*, 36(3), 2013.

McCall, M.W., Jr., Lombardo, M.M., & Morrison, A.M., *The lessons of experience: How successful executives develop on the job*, Lexington, MA: Lexington Books, 1988.

McClelland, D.C., «Identifying competencies with behavioral-event interviews», *Psychological Science*, 9, 1998, págs. 331-339.

McGregor, D., *The human side of enterprise*, Nueva York, NY: McGraw-Hill, 1960.

Miao, C., Humphrey, R.H., & Qian, S., «Leader emotional intelligence and subordinate job satisfaction: A meta-analysis of main, mediator, and moderator effects», *Personality and Individual Differences*, 102, 2016, págs. 13-24, doi:http://dx.doi.org/10.1016/j.paid.2016.06.056

Miller, C.C., «New stage, new skills: A creator prepares to take the reins at Google», *New York Times*, 22 de enero, 2011, págs. B1, B4.

Miller, J.R., «George Washington's Tear-Jerker», *New York Times*, A21, 15 de febrero, 2010.

Mortimer, J.T., & Lorence, J., «Work experience and occupational value socialization: A longitudinal study», *American Journal of Sociology*, 84, 1979, págs. 1361-1385.

Moskowitz, J.T., Hult, J.R., Duncan, L.G., Cohn, M.A., Maurer, S., Bussolari, C., & Acree, M., «A positive affect intervention for people experiencing health-related stress: Development and non-randomized pilot test», *Journal of Health Psychology*, 17, 2011, págs. 676-692, doi:10.1177/1359105311425275

Motowidlo, S.J., Carter, G.W., Dunnette, M.D., Tippins, N., Werner, S., Burnett, J.R., & Vaughan, M.J., «Studies of the structured behavioral interview», *Journal of Applied Psychology*, 77, 1992, págs. 571-587.

Murphy, S.E., «Leader self-regulation: The role of self-efficacy and multiple intelligences», en R.E. Riggio, S.E. Murphy, & F.J. Pirozzolo (comps.), *Multiple intelligences and leadership* (págs. 163-186), Mahwah, NJ: Erlbaum, 2002.

Murphy, W., & Kram, K.E., *Strategic relationships at work: Creating your circle of mentors, sponsors, and peers for success in business and life*, Nueva York, NY: McGraw-Hill, 2014.

Nielsen, K., Randall, R., Yarker, J., & Brenner, S.O., «The effects of transformational leadership on followers' perceived work characteristics and
psychological wellbeing: A longitudinal study», *Work and Stress*, 22,
2008, págs. 16-32.

Norman, S.M., Avolio, B.J., & Luthans, F., «The impact of positivity and transpa-
rency on trust in leaders and their perceived effectiveness», *Leadership
Quarterly*, 21, 2010, págs. 350-364, doi:10.1016/j.leaqua.2010.03.002.

Orenstein, R.L., *Multidimensional executive coaching*, Nueva York, NY:
Springer, 2007.

Palmer, B.R., Stough, C., Hamer, R., & Gignac, G.E., «Genos Emotional Intelligence Inventory: A measure designed specifically for workplace
applications», en C. Stough, D. Saklofske, & J.D. Parker (comps.),
Assessing emotional intelligence (págs. 103-117), Nueva York, NY:
Springer, 2009.

Parrott, W.G., «The functional utility of negative emotions», en L.F. Barrett &
P. Salovey (comps.), *The wisdom in feeling: Psychological processes
in emotional intelligence* (págs. 341-359), Nueva York, NY: Guilford
Press, 2002.

Pennebaker, J., & Smith, J.M., *Opening up by writing it down*, Nueva York, NY:
Guilford Press, 2016.

Perkins, D.N.T., *Leading at the edge: Leadership lessons from the extraordinary
saga of Shackleton's Antarctic expedition*, Nueva York, NY: AMA-
COM, 2000. (Trad. cast.: *Lecciones de liderazgo: las 10 estrategias de
Shackleton en su gran expedición antártica*, Madrid: Desnivel, 2014).

Pescosolido, A.T., «Emergent leaders as managers of group emotion», *Leadership
Quarterly*, 13, 2002, págs. 583-599.

Petrides, K.V., & Furnham, A., «Trait emotional intelligence: Psychometric
investigation with reference to established trait taxonomies», *European
Journal of Personality*, 15, 2001, págs. 425-448.

Plous, S., *The psychology of judgment and decision making*, Nueva York, NY:
McGraw-Hill, 1993.

Rasulzada, F., Dackert, I., & Johansson, C.R., «Employee well-being in relation to
organizational climate and leadership style», en *Proceedings of the Fifth
European Conference of the European Academy of Occupational Health
Psychology*, Berlín (págs. 220-224), Nottingham, England: Institute of
Work Health and Organisations, Universidad of Nottingham, 2003.

Rekalde, I., Landeta, J., & Albizu, E., «Determining factors in the effectiveness of executive coaching as a management development tool», *Management Decision*, 53, 2006, págs. 1677-1697, doi:10.1108/MD-12-2014-0666

Richards, J.M., & Gross, J.J., «Emotion regulation and memory: The cognitive costs of keeping one's cool», *Journal of Personality and Social Psychology*, 79, 2000, págs. 410-424.

Ronan, W.W., & Latham, G.P., «The reliability and validity of the critical incident technique: A closer look», *Studies in Personnel Psychology*, 6, 1974, págs. 53-64.

Rosete, D., *Does emotional intelligence play an important role in leadership effectiveness?* (tesis doctoral no publicada, Universidad de Wollongong, Wollongong, New South Wales, Australia, 2007).

Salovey, P., & Mayer, J., «Emotional intelligence», *Imagination, Cognition, and Personality*, 9, 1990, págs. 185-211.

Sandler, I.N., Braver, S., & Gensheimer, L., «Stress: Theory, research, and action», en J. Rappaport & E. Seidman (comps.), *Handbook of community psychology* (págs. 187-214), Nueva York, NY: Kluwer Academic/Plenum, 2000.

Sarason, S.B., *Teaching as a performing art*, Nueva York, NY: Teachers College Press, 1999

Schneider, K., *Transfer of learning in organizations*, Cham, Switzerland: Springer, 2014.

Scholl, A., Sassenberg, K., Scheepers, D., Ellemers, N., & de Wit, F., «A matter of focus: Power-holders feel more responsible after adopting a cognitive other-focus, rather than a self-focus», *British Journal of Social Psychology*, 56, 2017, págs. 89-102, doi:10.1111/bjso.12177

Schulman, P., Keith, D., & Seligman, M., «Is optimism heritable? A study of twins», *Behavior Research and Therapy*, 31, 1993, págs. 569-574, doi:10.1016/0005-7967(93)90108-7

Scott, B.A., Colquitt, J.A., Paddock, E.L., & Judge, T.A., «A daily investigation of the role of manager empathy on employee well-being», *Organizational Behavior and Human Decision Processes*, 113, 2010, págs. 127-140.

Seligman, M.E.P., *Authentic happiness: Using the new positive psychology to realize your potential for lasting fulfillment*, Nueva York: NY, Free Press, 2002. (Trad. cast.: *La auténtica felicidad*, Barcelona: B de Bolsillo, 2011).

Shanker, T., «Win wars? Today's general must also meet, manage, placate, politick, and do P.R.», *New York Times*, 13 de agosto, 2010, pág. A11.

Shapiro, D., *Negotiating the nonnegotiable*, Nueva York, NY: Viking, 2016.

Shobitha Poulose, S.N., «Work life balance: A conceptual review», *Interna-*

tional Journal of Advances in Management and Economics, 3, 2014, recuperado de http://www.managementjournal.info/index.php/IJAME/article/view/324

Skakon, J., Nielsen, K., Borg, V., & Guzman, J., «Are leaders' well-being, behaviours and style associated with the affective well-being of their employees? A systematic review of three decades of research», *Work & Stress*, 24, 2010, págs. 107-139.

Smollan, R., & Parry, K., «Follower perceptions of the emotional intelligence of change leaders: A qualitative study», *Leadership*, 7, 2011, págs. 435-462.

Soojung-Kim Pang, A., *Rest: Why you get more done when you work less*, Nueva York, NY: Basic Books, 2016. (Trad. cast.: *Descansa*, Madrid: LID editorial empresarial, 2017).

Spencer, L.M., Jr., & Spencer, S., *Competence at work: Models for superior performance*, Nueva York, NY: Wiley, 1993.

Sternberg, R.J., Beyond *IQ: A triarchic theory of human intelligence*. Nueva York, NY: Cambridge University Press, 1985.

Strike, V.M., Michel, A., & Kammerlander, N., «Unpacking the black box of family business advising: Insights from psychology», *Family Business Review*, 31, 2018, págs. 80-124, doi:10.1177/0894486517735169

Subramanian, S., «Google took its 20% back, but other companies are making employee side projects work for them», *Fast Company Daily Newsletter*, 19 de agosto, 2013, recuperado de https://www.fastcompany.com/3015963/google-took-its-20-backbut-other-companies-are-making-employee-side-projects-work-for-them

Sutton, R.I., *Good boss, bad boss,* Nueva York, NY: Business Plus, 2010. (Trad. cast.: *Buen jefe, mal jefe*, Barcelona: Conecta, 2011).

Sy, T., Horton, C., & Riggio, R., «Charismatic leadership: Eliciting and channeling follower emotions», *Leadership Quarterly*, 29, 2018, págs. 58-69, doi:https://doi.org/10.1016/j.leaqua.2017.12.008

Thompson, H.L., *The stress effect: Why smart leaders make dumb decisions-and what to do about it*, San Francisco, CA: Jossey-Bass, 2010.

Thorndike, E.L., «Intelligence and its use», *Harper's Magazine*, 140, 1920, págs. 227-235.

Ury, W., *Getting past no: Negotiating with difficult people*, Nueva York, NY: Bantam Books, 1991. (Trad. cast.: *Obtenga el sí: el arte de negociar sin ceder*, Barcelona: Gestión 2000, 2004.)

Van Kleef, G.A., «Understanding the positive and negative effects of emotional expressions in organizations: EASI does it», *Human Relations*, 67, 2014, págs. 1145-1164.

Vroom, V.H., & Jago, A.G., «The role of the situation in leadership», *American Psychologist*, 62, 2007, págs. 17-24.

Wiens, K., *Leading through burnout: The influence of emotional intelligence on the ability of executive level physician leaders to cope with occupational stress and burnout* (Ed.D. Doctoral dissertation), Universidad de Pennsylvania, Filadelfia, 2016.

Wiens, K., «Break the cycle of stress and distraction by using your emotional intelligence», *Harvard Business Review*, 2-5, 2017, doi:AN: 127073575

Williams, M.J., «Serving the self from the seat of power: Goals and threats predict leaders' self-interested behavior», *Journal of Management*, 40, 2014, págs. 1365-1395, doi: https://doi.org/10.1177/0149206314525203

Zaccaro, S.J., «Organizational leadership and social intelligence», en R.E. Riggio, S.E. Murphy, & F.J. Pirozzolo (comps.), *Multiple intelligences and leadership* (págs. 29-54), Mahwah, NJ: Erlbaum, 2002.

Índice